教育要给学生留下什么

华应龙 / 著

中国人民大学出版社
· 北京 ·

图书在版编目（CIP）数据

教育要给学生留下什么 / 华应龙著. —北京：中国人民大学出版社，2019.11
ISBN 978-7-300-27649-6

Ⅰ. ①教… Ⅱ. ①华… Ⅲ. ①学前教育—教育研究 ②中小学教育—教育研究 Ⅳ. ① G612 ② G632.0

中国版本图书馆CIP数据核字（2019）第249881号

教育要给学生留下什么
华应龙　著
Jiaoyu Yao Gei Xuesheng Liu Xia Shenme

出版发行	中国人民大学出版社		
社　　址	北京中关村大街31号	邮政编码	100080
电　　话	010－62511242（总编室）		010－62511770（质管部）
	010－82501766（邮购部）		010－62514148（门市部）
	010－62515195（发行公司）		010－62515275（盗版举报）
网　　址	http://www.crup.com.cn		
经　　销	新华书店		
印　　刷	北京华宇信诺印刷有限公司		
开　　本	168 mm × 239 mm　16开本	版　　次	2019年11月第1版
印　　张	15　插页1	印　　次	2020年7月第2次印刷
字　　数	180 000	定　　价	58.00元

目录

第二辑 | 教育要给学生留下什么

第三辑 | 我的榜样和合作伙伴

第四辑 | 我这样一路走来

推荐序

从“生活即研究”到“研究即生活”

田慧生

我非常熟悉华应龙老师，时不时就能读到他的教育教学随笔。随笔是教育写作中的“轻骑兵”，写起来比较便捷，但尺水之内可兴风波，短章之里犹见力道。好的随笔能够直抵教育教学的本质，直揭教学教育的奥秘，有时它所能起到的作用甚至要超过那些高头讲章，长篇大论。就像华老师善于从看似寻常的生活中捕捉一些稍纵即逝的现象或意念，进而编织和建构奇妙而美丽的数学新课堂一样，他也善于在别人不注意的事情、行为和情境中生发感兴，进而写出深入浅出而又意味无穷的随笔。

华老师常常自我解嘲，说自己像一个从田地里走出来的农人。这其实也不错，他在田地里面进行的是富有灵感和创意的教育教学的“农活儿”。由这“农活儿”，我们既可以看出他的认真、执着和卖力，也可以看出他的精心、细致与巧妙。在教育教学之“希望的田野”里，他是一个“科技型农民”，也是一个“农民诗人”，播下去的是勤劳，收获的是无限的教育诗情、教学画意。

华应龙老师的新书《教育要给学生留下什么》即将面世。与此前华老师出版的其他几本书相比，这个书名更为“庄重”“凝重”和“沉重”一点儿，用人们喜欢讲的一种说法，就是对教育的“终极思考”。“终极思考”是可以、似乎也应该写得深刻和深邃的，本书尽管未必篇篇如此，但确有相当多的篇目正是这样，值得读者数次细读，精心体味。当然，即便是写得足够深刻乃至非常深邃的文字，也无一篇是从理论到理论或者从理性到理性，它们大多起于教育教学甚或日常生活的细水微澜、细枝末节，可谓风起蘋末，却又能引发人们久久不止的阅读思考。

读华老师的这些文字，我想出了两句话：“生活即研究”与“研究即生活”。也可以说是一句话：从“生活即研究”到“研究即生活”。

谁不在“生活”之中？生活是每个人的存在空间与方式，没有人能“逃离”生活，却很少有人能像华老师那样，做到“生活即研究”——时时是研究之日，处处为研究之地。课前、课中、课后自然要研究，日常起居、朋友交往抑或偶发事件等都可以诱发研究。华老师有极为强烈的研究自觉，甚至这种自觉已然成为一种“下意识”，这就到了自然或自由之境。在他那里，生活不是用来“生活”的，而是用来“研究”的，几乎没有什么不可以入其研究的法眼，不可以成为研究的素材，不可以激发研究的灵感，不可以产生研究的成果，一句话，“研究的外延等于生活的外延”。曹雪芹说：“世事洞明皆学问，人情练达即文章。”华老师的学问就是从这里“研”出来的，文章就是在此处“究”出来的。其他人只要有如他一般澄明而敏感的内心，即便不具备如此的学问，写出这样的文章，却也能距此越来越近。

如果说“生活即研究”是一种状态——当然是一种非常好乃至极好的状态——那么，“研究即生活”则为一种境界。生活本身具有自足性，生活即是它自己的目的。基于此，达到上述境界的人，会自觉或不自觉地把研究视为自己生活的目的，或者说，将研究当作生活本身。如果说，“生活即研究”的表现是生活与研究两者水乳交融，那么，在“研究即生活”的人眼里，生活与研究这两者本来就是一回事，是一体化的。他必将像无法“逃离”生活一样，亦无法“逃离”研究，就像人无法拎起自己的头发离开地球。当然，所谓“无法‘逃离’”，究其实质乃是其心甘情愿地栖居，而根本不存在“生活于别处”的念想。

毫无疑问，华老师就是这样的，他完全可以以另一种“非研究”的状态去生活。这样的生活为更多人所喜欢，所热衷，所膜拜，所追求，却为华老师所不取，这不是“境界”又是什么？“生活即研究”已属不易，“研究即生活”则更其难成，但臻此“化境”者，在克服了许多工作、事业、人生之“难”后却拥有了俗世生活所不能拥有的许多幸福和享受。做教育做到了这个地步，真是“夫复何求”！这也正是我特别羡慕或景仰华应龙老师的原因。

教育随笔写作是教师“生产”真正属于自己的教育教学知识的独特方式。毋庸讳言，作为即兴生成的、偶发的“知识”，教育随笔有时或许会给人零珠碎玉的印象，但若把它们巧加梳理，再分门别类地集中在一起，则能让明眼的读者看到一幅有机“化合”的“拼图”。这时候，它将不再是一般的“知识”，而成为一种“智慧”——“智慧拼图”。

华应龙老师正是一位大智慧者，这本书也折射出他许多智慧的光亮。读出这幅“拼图”后面的智慧，相信读者自能新添一份智慧，进而成为一名“智者”！

是为序。

（作者系教育部教材局局长）

第一辑

有滋有味教数学

等着，就好

一

2019 年 3 月，我应李镇西老师之邀，在成都市龙江路小学执教《我不是笨小孩》一课。在课堂上，我和学生们分享了一道难题——

徒弟：“师父，您多大了？”

师父：“我在你这年纪时，你才 5 岁；但你到我这年纪时，我就 71 岁了！”

请问：现在徒弟几岁，师父几岁？

在学生尝试无果的情况下，我介绍了“投石问路”这个成语。之后，我请两位学生画出自己的想法。接着，我问“投石”之后要干什么。学生说：“问路。”我说：“问什么呢？什么变了，什么没变？有什么规律？你还能发现什么？”

不少学生兴奋地举手。

我说：“大家不要举手，不要给别人压力。发现规律的同学，请在自己胸前竖起大拇指。”

发现规律的同学自豪地竖起大拇指，没有发现规律的同学茫然地看着我。

我说："人和人是不一样的，有人反应快，是顿悟；有人反应慢，是渐悟。没有看出来的同学，正好趁机加强锻炼。就盯着这幅图（如图1）看，看看自己能看出什么？"

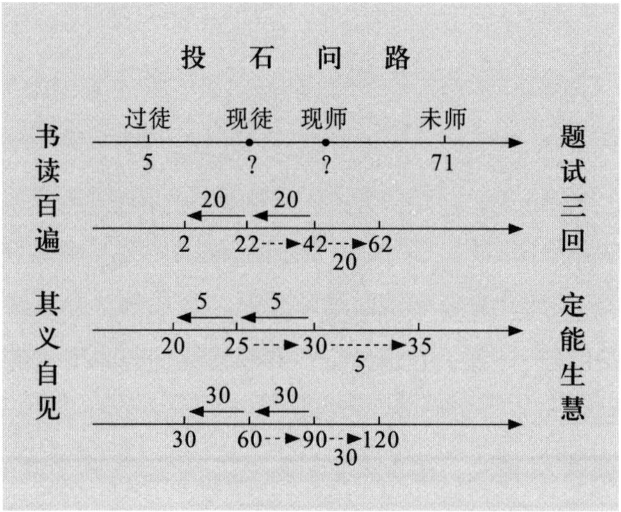

图 1

没有发现规律的同学，看一眼板书后又看着我。

"孩子们，要定下心来仔细看。62和2之间有什么关系？35和20之间有什么关系？120和30之间有什么关系？先从左往右看，再从右往左看。然后，从上往下看，再从下往上看，看什么变了，什么没变……孩子们，上看下看，左看右看，原来每个题目都不简单！"

学生们笑了。

我继续用手势引导全班观察。少顷，有学生"哦"了一声，瞪大了眼睛，笑得更美了。

学生的笑容，已将我融化。

“现在，你发现 5 和 71 之间有什么关系了吗？”

“发现了！”“发现了！”

“那现在，这道难题你会做了吗？”

“会做啦！”“会做啦！”

…………

刚开始上课时所有人都不会做这道难题，现在全班都会做了。我问全班同学：“你怎么会的？”

学生们几乎是异口同声地说：“我自己想的！”

还有学生自言自语：“一道难题迎刃而解！”

…………

做课堂总结时，我组织学生评比谁的进步最大。同学们一致认为以前上课从不听讲的一博表现最棒，因为他竟然自己做出了这道难题。我问一博感觉怎么样，他眼含热泪说了两个字：“挺好！”

上《我不是笨小孩》，我多次见到听课师生流泪。但这一次，我还是有些吃惊。

二

我反思：为什么能有、为什么会有这样动人的场景？

我并不高明，我本是笨小孩，但我在这节课中一直耐心地等着。我让先想明白了的学生也等着，让那些反应有点儿慢的、有点儿不喜欢数学的学生，自己想明白。因此，这节课实现了老子所说的“功成事遂，百姓皆谓‘我自然’”。学生们也体验到了思考的乐趣，找回了自信，收获了感动。

很多老师都知道“教育是慢的艺术”，但在课堂上却没有等也不肯等。那我为什么能耐心地等呢？

这可能和我心底里的一个故事有关。

很早以前，一个秀才见朋友家的花长得美不胜收，十分羡慕。回到家，他也买来一盆花，放在大厅里。

过了几天，花不见长。他让仆人将其移于屋中，取炭生火。

几天后，果然花出红蕾。

这天，他蹲在花前，心想：“花移温室，十日暴蕾，若近火盆，五日当绽。”于是，他又唤来仆人，将火盆放在花盆旁边。

夜里，他又来看花，不禁愕然：花，竟然枯萎了……

这个故事警告我们，做事如果急不可耐，结果可能会事与愿违。

三

朋友，不知道您有没有这样的经历：在高铁候车室里候车时里面人满为患，我们只能站着干等。怎么办？东张西望？不用，不用，静下心来，等着就好。一会儿，人流就消失了。

有的老师可能要说：“那么多教学内容，哪有时间等啊？”

是的，教学内容是挺多的，所以新的课标、新的教材会有调整。不过，我们可以回头想想：我们原来那样子教，是不是虽然书教完了，但大部分学生的兴趣没了，信心也没了？这是不是有些像买椟还珠？教学本来是要借着教授学生知识，培育学生的未来。而现实却是，没有了未来，只留下了知识。因此，我要再说我曾说过的那句话：“教是为了学的开始。”

其实，数学并不是教师讲明白的，而是学生自己想明白的。李烈校长曾说，教师在课堂上要“勇敢地退，适时地进”。我问她：为什么用“勇敢”一词？她告诉我，因为我们习惯性地“不敢”退。

我们教学时常常喜欢学生“画龙”，教师“点睛”。如果反过来呢？教师“画龙”，学生“点睛”，请问学生体验到、感悟到的会是什么？在前述课堂教学片段中，我建议发现规律的学生憋着不说，就是为了让“渐悟”的学生也能享受到自己捅破窗户纸后的喜悦和兴奋。

在课堂上，教师也需要有“功成不必在我”的精神追求。俗话说得好：“两年学说话，一生学闭嘴。”诚然，老师是吃“开口饭”的，但学会闭嘴，憋着不说，静静地等待，真的很美妙，也很重要。

现代教学理念特别强调让学生“经历自主探究的过程”，正是因为“纸上得来终觉浅，绝知此事要躬行”。知识是重要的，但比知识更重要的是方法，比方法更重要的是兴趣，而兴趣来自体验。

教育是慢的事业，是面向未来的事业。儿童的成长是一个缓慢的过程，那种急于求成、自以为高明的做法，失去的将是儿童的幸福和未来。我以为，“等着我”一定是学生内心的呐喊。在这节课上，学生发现“我不是笨小孩”，这恰恰是教师“等”来的。在一些课上，学生发现“我是笨小孩”，这是不是教师“不等”造成的呢？

“有无相生，难易相成，长短相较，高下相倾，音声相和，前后相随。是以圣人处无为之事，行不言之教……”“多言数穷，不如守中。”“为者败之，执者失之。”我们老师应多多学习道家的“无为”思想，这可能有助于师生共同抵达幸福的彼岸。

米兰·昆德拉在《慢》中写道：“在慢与记忆、快与遗忘之间有一个秘密联系。且说一个平常不过的情境：一个人在路上走，突然，他要回想什么事，但就是记不起来。这时候他机械地放慢脚步。相反地，某人要想忘记他刚碰到的倒霉事，不知不觉会加快走路的步伐，仿佛要快快躲开在时间上还离他很近的东西。”读完这段文字，我的问题来了：我们是希望学生有兴味地回想，还是希望学生痛苦地躲开？

在课堂上，教师还需要有“功成必定有我”的责任担当。在前述课堂教学片段中，我指导学生“上看下看，左看右看，原来每个题目都不简单”，其实就是在暗暗地帮忙，在尽职。这就是李烈校长所说的“适时地进”。

当然，我们也会遇到“有心栽花花不开”的时候，此时还要等吗？怎么等？我喜欢笑着说“你不说，我能等”，逼着学生动脑筋。学生开始思考后，我便竖起大拇指说：“思考着，是美丽的”“虽然教室里没有一点儿声音，但我分明听到了同学们思考的声音”。屡试不爽，次第花开。胡适先生说：“功成不必在我，而功力必不唐捐。”教师为等待而做出的努力，一定不会白白浪费。

有学者曾做过一个延长等待时间的实验。实验发现，在那些把等待时间延长了 1 ～ 5 秒的课堂上，发生了下列可喜的变化：①学生回答问题的平均时间延长；②学生回答问题的主动性和正确率提高；③学生不能回答问题的可能性减小；④学生思考之后再回答问题的现象增加；⑤学生从事实推论得出的结论增多；⑥学生的问题增加；⑦学生做出的贡献更大。

总之，等着并不是等闲视之，一“等”了之。关于“等着”，我们完全可以做篇大文章：何时等？等什么？怎么等？

大概，只有在“等”中才能学会“等”。因此，我想和大家分享《流浪地球》的导演郭帆说过的一句话：“如果你想拥有你从未有过的东西，那么你必须去做你从未做过的事情。”“静而后能安，安而后能虑，虑而后能得”，我们为什么不试着去做“知而未行”的、“从未做过的事情”？

法国作家安德烈·纪德在《人间食粮》中说：“我生活在妙不可言的等待中，等待随便哪种未来。”

与大家共勉！

怎样做一个研究型教师

教师也是研究者。不过，教师做研究与专门的研究人员做研究有很多不同。一般来说，教师做研究主要不是为了创立一个新理论，构建一种新范式，而是为了解决自己在工作中遇到的问题，比如，上出一节好课，转化一个学困生，活出自己的滋味。

我想结合研究课的实践，和大家交流一下如何做一个研究型教师。

现在的学生跟以前的学生大不一样。我们在课堂上教的很多内容学生早已知道，因此学生觉得上课没劲儿。我们教师也感受到了这一点，但为了课堂的“严谨”和“结构完美”，往往是学生已经在三楼，我们还要先把学生带到二楼，然后再带着学生从二楼上到三楼，再上到四楼。这样的课，很多教师听后都觉得没味儿。那要想上出一节有价值、有启发、有思想的课，我们要注意哪些因素呢？

一、有没有想

要想上出一节有思想含量的课，首先我们自己要好好地思考。古人说：“疑是思之始，学之端。”《圆的认识》是我们小学数学老师非常熟悉的一节课。以往教学时，我们在得到“圆的半径都相等，圆的直径都相等”的结论之后，一定要费力地引导学生加上一句话：“在同一个圆中或者等圆中”。为什么要加上这句话呢？因为要使结论更加严谨。我想追问一句：“为什么加上这句话结论就严谨了呢？我们说‘一个正常人的两条腿是一样长的’，怎么不加一个前提条件，‘在同一个人身上’？”既然特征是一类事物区别于其他种类事物的标志，是这类事物中每个个体都具备的特点，那还需不需要加上这句话呢？

每上一节课之前，我们都要思考一下，不仅要思考怎么教，更要思考教什么；同时，还要思考我们以前在教这节课时存在什么问题。做正确的事比正确地做事更重要。而只有找准问题，才能做正确的事。怎样才能找准问题？要在他人无疑处有疑，突破思维定式，不迷信书本和权威，不受现成结论和传统观念的束缚，不人云亦云，多问几个“为什么”，自己独立思考。

二、会不会想

爱因斯坦说：“你能不能观察到眼前的现象，不仅仅取决于你的肉眼，还取决于你用什么样的思维。思维决定你到底能观察到什么。”爱因斯坦的这句话可以概括成六个字：思维决定视野。

我举个例子。《角的度量》是比较难上的一节课，往往一节课上完了，学生还不会放量角器，不会量角。我因为喜欢极限思维，所以创设了“三个滑梯”的有趣情境。这样做既凸显了问题，又可以让学生顺着自己的问题拾级而上，找出量角器上的角……水到渠成，下课时学生都会量角了。

什么是极限思维？就是把要解决的问题和条件进行理想化的假

设，假设被一步一步推到极致的时候，问题的实质就会水落石出。

讲《游戏公平》也是如此。以前我讲这节课非常费力。这是有关统计概率的课，要让学生做实验。可是，学生抛硬币的结果往往与老师的预期相差甚远：抛 10 次有 9 次是正面，或者有 8 次是反面。许多老师讲这节课时也出现了这样的情况，这是为什么呢？本来是小概率事件，怎么变成大概率事件了？此时，又是极限思维帮助了我。出现上述情况是因为我们组织学生抛硬币时，没有规定抛的高度、角度、力度，可是把一枚硬币抛一米高和抛一厘米高可不是一回事。学生怕硬币掉到地上后找起来费劲，于是“创造性”地将硬币抛得低一些，就出现了抛 10 次有 9 次是正面，或者有 8 次是反面的情况。找对了问题，课堂就别有洞天了。为了解决这个问题，我让学生把啤酒瓶盖装在水杯里面抛。华东师范大学的张奠宙教授听完我的课，兴奋地夸奖道：“我被华应龙老师的创意所折服！”

三、有没有坚持想下去

同样的问题，为什么有人一开始没有想到解决办法，后来却想到了？我想可以用《管子》里的话来回答：“思之，思之，又重思之。思之而不通，鬼神将通之。非鬼神之力也，精气之极也。”

为了查验皇冠是否是纯金的，阿基米德日思夜想，最后他想到了解决方法。

我在研究课的过程中，也遇到过这样的情况。

在教材中，《角的度量》是先学量角再学画角，但我在讲这节课时，创造性地让学生先学画角，然后再学量角。这样做取得了很好的效果。为什么我要改变教材安排好的教学顺序？我这个想法是怎么产生的呢？

第一步是回忆：学生第一次拿量角器时会怎么做？他们常常是拿着量角器圆弧和直边夹的角去比在要量的角上（如图 2），然后报出“100°”。

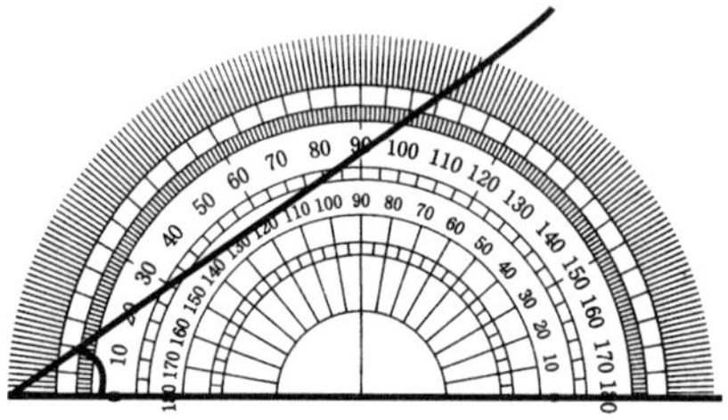

图 2

第二步是追问：学生为什么这么做？我的分析是：学生认识到想量角就要拿角来比角，但学生从量角器上找不到角。

第三步是思考：量角的本质究竟是什么？为什么以前我们那么费力地教，总结、概括出各种要诀，效果却仍不理想呢？思考后我发现，我们讲了量角的技术要领，但没有讲量角的本质是什么，学生因此缺乏对量角本质的整体把握。这些要诀看似简洁，实质上却只是我们成年人的偏好。要让以形象思维为主的学生理解要决背后的内涵是挺困难的。

又经过几天的思考，我终于发现，量角其实就是把量角器上的角与要量的角重合。抓住了这一点，只要让学生认识量角器上若干个大小不同的角，怎样量角的问题就迎刃而解了。

最后一步是搜寻：如何画出量角器上的角？我在尝试后发现，水彩笔在量角器上画不出角，只能在起笔的地方留下一个点儿。怎么办呢？我去商场询问营业员，得知只有油画笔才能在量角器上画，我当即买了 50 支油画笔。试讲很成功。老师们非常响亮的掌声提醒了我：即便我的发现是有价值的，那我也不能让全国的小学数学老师在教《角的度量》前都去买油画笔呀。不用油画笔行不行？带四根牙签来，行不行？我想，用牙签也可以在量角器上摆角。牙签的两头是尖的，可以很好地靠在一起，组成一个角。实际一操作，不行，牙签摆出的角会滚动。因为在量角器上摆出角不是我的目的，我的目的是让学生认识量角器上的角。那怎么办呢？又琢磨了几天之后，一个周六的下午，我打开办公室里的复印机，在上面平铺了四个量角器，一按复印键，“纸量角器”就出来了。学生随便用什么笔，都能在这样的纸量角器上画角了。

真是“愚者千虑，必有一得”。

要做一个研究型教师，要上出有生命力的课，最重要的是两个字——热爱。只有热爱数学，热爱生活，才能从生活中找到更多、更好的数学题材。我上出了一些大家认可的课，出版了《我不只是数学》和《我这样教数学——华应龙课堂实录》等专著，有人说这是因为我“勤奋”“刻苦”。其实，我不认为自己很“刻苦”，我是在享受幸福，享受自己的全情投入，享受数学对我的青睐有加，享受生活对我的眷顾。

称呼里的学问

小时候，我喜欢跟在父亲的身后去亲戚家，但是我怕叫人，喜欢微笑着看亲戚，不多说话。

在私塾里教过书的父亲提醒我要“学会叫人”。此后，每次去亲戚家前，我都仰着脸问父亲：“爸爸，等会儿我叫什么啊？”我在家族中辈分高，好多比我大的孩子要叫我“叔叔”。因此，我从小就认识到称呼里面的学问可真大，不可造次。

长大后，我更深切地认识到，别人对你的称呼不同，你的感觉和心情也是大不一样的。我明白了，称呼应因时、因地、因人而异，要便于拉近距离，融洽感情，沟通心灵。我认为自己在称呼这方面基本上过关了，没有再遇到过脸红心跳的情况。

哪知道，在听了李烈校长的三次评课后，我认识到自己在称呼上仍需进修。

第一次是李烈校长评点一节三年级的数学课。

在对执教老师的教学给予充分的肯定之后，李烈校长给大家讲了一个故事。

那是在政协会议上的一次小组讨论会上。来自各条战线的政协委员们聚集在一起，一位研究生模样的女秘书负责记录。她请委员们发言时先报一下委员号，以方便记录。李烈校长是组长兼主持人。委员们一个接着一个慷慨陈词。轮到一所重点中学的校长发言时，女秘书打断道："请您稍等，您先报下号。"这位校长好像没有听到，继续发表他的观点。女秘书又打断道："请您稍等，您先报下号。"这位校长应该是听到了，他停顿了一下，没有报号，接着话头继续说。女秘书的脸有些红了："请您稍等，您先报下号。"这位校长十分生气："什么是报号？什么是报号？犯人才报号，你拿我们当犯人啊！"

会议室里的空气凝固了。女秘书大概是被吓着了，眼泪都掉下来了。出人意料的一幕让李烈校长这个主持人也有些尴尬。几秒钟后，李烈校长打圆场道："这位校长，我也没有注意到这一点，请别生气！秘书请大家报委员号，是为了快速找到发言人的名字，没有不敬的意思。接下来，请发言的委员自报姓名。"

李烈校长的故事对我犹如当头棒喝。执教老师在课堂上叫学生回答问题时，基本上都是叫学号。现在想想，是很可怕。如果学生到了学校后就不用姓名，只用学号，那学校不就成了集中营吗？

我突然想起曾经有一个学生在学校的调查问卷中反映过"不希望老师叫自己的学号"。我这个主管教学的副校长对此竟浑然不觉。继而，我又想起一位学生写给老师的信中的第二句话是"请您把我当一个人看待，而不仅是您记分簿上的一个数字"。我不由得心中一惊。

对每个人来说，自己的名字都是弥足珍贵的。当我从网上发现陕西省宝鸡市也有一个名叫"华应龙"的人的时候，我就特想见见对方。2012 年 11 月 18 日，我们两个在宝鸡依依惜别的场景，让我想赋一句诗："桃花潭水深千尺，不及应龙送我情。"而这一切都源于"华应龙"三个字。

现在，哪怕是借班讲课，我也会请学生把他的姓名写在练习纸的最上方。我还建议学生："如果你觉得我可能不会读你名字中的某个字，请注上拼音。"在我流利地喊出学生的名字时，我分明看到了学生眼睛里明媚的阳光。

第二次是李烈校长评点一节一年级的数学课。

那个班上有一位特殊的学生，名叫爱北（化名）。他的自理能力特别差，在家里都是保姆帮助他穿衣服。在学校里，他将文具胡乱地摆放在课桌上。李校长听课时专门坐到了他的旁边。一节课的时间里，李校长三次弯腰帮他从地板上捡起笔和尺。爱北的学习习惯不好，上课不专心。每当他开小差时，上课的刘老师都温柔地说："北北，看这边。"

李校长评课时针对这个细节说："学生的表现这么差，还叫他'北北'？平时我们可以叫他'爱北'；他表现好的时候，我们可以叫他'北北'；他表现不好的时候，我们应该叫他的全名，每一个字都发音清楚。"

是啊，如何称呼学生真是一门艺术。

第三次是李烈校长评点一节四年级的数学课。

当时上课的是一位刚刚执掌教鞭的年轻教师。李校长在高度赞扬了这位老师的教学思路灵活后指出："以后在课堂上不要用'孩子''宝贝'称呼学生，这么叫不恰当。学生在家中才是'宝贝'。在幼儿园里老师也可以叫'宝贝'。但上小学后，若老师还是叫他'宝贝'，便不合时宜了。我们要培养学生的'小学生意识'。"

黑板为什么叫黑板？粉笔为什么叫粉笔？事物与其名称之间到底有没有关系？《柏拉图 —— 生平及其著作》中的《克拉底鲁斯篇》对此早有探讨。其中，克拉底鲁斯认为，名称有意义，事物与名称之间具有天然的联系；而赫莫吉尼斯则坚信，名称和事物是随机搭配的，名字是约定俗成的，没有意义，无所谓正确不正确。这样的对话意味深长。我原来只觉得称呼上级、长辈时要谨慎，现在看来称呼学生也大有学问。

从惧怕生成到期待生成

关于课堂生成，我走过了从惧怕生成到直面生成，再到期待生成的心路历程。

原来在课堂上我惧怕生成。因为在我的意识里，课堂教学是知识的传递和转移的过程。教师是知识的权威，学生是等待着被填满的容器，优秀的课堂教学应该是教师设问明确、学生回答准确，每一个教学环节持续多长时间都完全在教师的掌控之中。20 世纪 90 年代，我执教《年、月、日》。我在课堂上说的每一句话都是事先琢磨过的。我提问后，学生只能得出一种答案。我追求的是在铃声响起的同时，我完成了教案里的全部环节，可以说出“下课啦”。因此，在课堂上，我害怕看到“不该举”的小手，害怕听到标准答案之外的回答。若看到了不想看到的，则视而不见；若听到了不希望听到的，则听而不闻。

新课程通识培训使我认识到，教学不能把知识作为预先决定好的东西教给学生。学生学习知识是以他们自己的经验为背景的，课堂教学应是师生对话和协商的过程。教师是学生学习的支持者和合作者，是一根火柴；学生是学习的主体，是一支等待被点燃的火把。优秀的课堂教学乃是教师和学生在共同经历了学习过程之后，将原来预定的教学内容进行修正、补充、丰富和完善。学生和教师体验到了学和教的快乐，真正实现了教学相长。自此，我在课堂上有了直面生成的勇气。

2003 年，我执教《计算器的使用》一课。我从学生已有的经验出发，带领学生拾级而上。为了让学生明白，使用计算器的高境界是借助计算器解决计算器解决不了的问题，我组织学生比赛，看谁先算出挑战题“22222222 × 55555555=?”的结果。在学生们束手无策时，我拿出“祖传秘方”，并给每个组一个装有“祖传秘方”的信封。学生在计算了“2 × 5，22 × 55，222 × 555”之后，发现了规律，很快报出了挑战题的答案。

怎料有一位女生没有用我介绍的“祖传秘方”也得到了正确的结果。这是我始料未及的。怎么办？让她展示吗？我决定尊重学生的主体地位，分享学生的智慧。

师：来，我们来欣赏一下后边那位女同学的计算过程。

（投影学生的竖式）

$$\begin{array}{r} 22222222 \\ \times\ 55555555 \\ \hline 111111110 \\ 111111110 \\ 111111110 \\ 111111110 \\ 111111110 \\ 111111110 \\ 111111110 \\ 111111110 \\ \hline 1234567876543210 \end{array}$$

生:（惊讶地）哇！（惊讶之后又笑了起来）

师：笑什么？

生 1：我笑她太笨了。

生 2：我觉得她的竖式像金字塔。

生 3：我觉得列竖式计算实在是太累了！

师：刚才我们同学说这是个笨方法，但笨方法不仅管用，还很准确。并且，它能够让我们直观地看出为什么这个算式像金字塔似的越列越多，而且还是对称的。是不是？

生：是。

师：它不断地往前错位，错到最后，从上往下看，中间的数最多，有几个“1”？

生：8 个。

师：现在再看这个算法好不好？

生：好。

师：所以，有时候笨方法还是很管用的。你们不是觉得计算器挺好用吗？但你的计算器算得出来吗？这个女同学用她的方法算出了结果。

女生：其实我这个方法也不能说是笨办法，因为 5 乘 2 最后一位是 0，然后进位，也就是 8 个“1”和 1 个“0”。底下的数是一样的，就不用算了，只是向前挪一位就可以了，最后相加就行了。

师：好不好？

生：（热烈鼓掌）好！

师：是不是很笨啊？是不是每一个数都要去乘啊？

生：不是。

师：它同样也是有规律的。而且我觉得更难得的是，她敢于捍卫自己的想法。

生：华老师，如果这个数再扩大一些，用她这种方法计算就容易犯糊涂了。

师：是啊，如果对错位的话，就算不对了。所有方法都有两面性，既有好的一面也有不好的一面。这道题用我们现在的这个方法就比较容易解决。那如果数字再多一些呢？这个规律就不太容易发现了。我不想告诉大家规律，如果你有兴趣可以在课下自己去寻找。

我有了直面生成的勇气之后，课堂上，学生自主的声音增多了，鲜活而多元的信息增多了。我也感受到了自己的成长。

课堂上生成的资源，不仅可以丰富、充实教师预设的教学内容，还可能改变教学路径。

一次，在有关平均数的活动课上，在分析了求连续3个、5个、7个自然数的平均数的题目特点后，我出示了这样一道题："小红的爸爸因公出差，5天没回家。他回家后一次撕下了这5天的日历。这5天日期数相加的和是90。请问小红的爸爸是几号回家的？"

不少学生都列出了这样的算式：$90\div5=18$，进而推断出撕下的5天日期分别是16、17、18、19、20，得出的结论是小红的爸爸在21号回家。

当我要进入下一个教学环节时，一向爱动脑筋的小亮同学提出了一个问题："这五天会不会是月底和月初的5天呢？"

我不禁心里一怔：对呀！会不会是从上个月的月底到下个月的月初的5天呢？这5天是连续的5天，但日期数却不是连续的自然数。平常我们老师编拟这类题都是基于连续自然数来考虑的。怎么办呢？

我皱着眉头，露出一副百思不得其解的模样："小亮小朋友真能动脑筋，发现了一个连老师们都没有注意到的新问题。怎样求出答案呢？请大家一起讨论。”

“如果是从上个月的月底到下个月的月初的 5 天，日期数就不是连续的自然数了。我们可以想个什么办法，使它变成连续的自然数呢？”我随手板书：28、29、30、1、2。一个学生举手了：“把月初的日期数加上 30 就行了。”“真聪明！”我随即在 1 号、2 号的上方用黄色粉笔板书 31、32。我继续发问：“这样一来，5 个数的和也就增加了……现在 5 个连续的自然数的和是 90+60=150，中间的那个数怎么求？”“150 ÷ 5=30，中间的那个数是 30。”反应快的学生已经兴奋起来，没等我指名，一个学生已将答案说了出来：“小红的爸爸在 3 号回家。”学生因为是自己找到了答案，高兴地鼓起掌来。

看看表，时间快到了，我抛出了一连串问题：连续的五天一定是上月底 3 天、下月初 2 天吗？如果上个月有 31 天，我们怎样才能把日期数变成 5 个连续的自然数呢？和又增加了多少呢？中间的一天又怎样算呢？请有兴趣的同学课后去讨论、研究。

生成的课堂不但考验着我们的教育机智，还考验着我们的教育底蕴。

新课标小学数学教材增加了“神奇的莫比乌斯圈”这一教学内容。我和学生一起在课堂上动手做。我引导学生先把纸条做成莫比乌斯圈，然后沿着莫比乌斯圈的中线把它剪开。绝大多数学生都剪出了一个纸条 2 倍长、$\frac{1}{2}$宽的双侧曲面。但我发现有一个男生并没有直接从中间剪，而是从边上剪进去的，所以他剪出了一根长长的纸条。

一开始设计这个环节时，我担心学生会出差错，不能剪出一个纸条 2 倍长、$\frac{1}{2}$宽的双侧曲面，担心他们就像这个男生一样，剪出一根长长的纸条。所以我在做示范前特别提醒学生："请看好我是怎么剪的。"没想到还是有学生没有仔细观察。此时，我想到了那个医学教授带研究生的故事。教授第一次讲课时，带来一只盛着液体的烧杯。他把手指放进烧杯，拿出来后一尝，"甜的！哪位同学愿意来试试？"两个学生自告奋勇，走上讲台，用手蘸了一下烧杯中的液体，尝后一边皱眉一边摇头："尿。"原来，教授给他们上的第一课，就是认识"仔细观察"的重要性。教授伸进去的是中指，尝的却是食指。因此，我要好好抓住这个错例，提醒学生在"大胆猜测"后要"小心求证"。

"这位男同学，请你说说你是怎么创造出这样一根纸条的。"同学们听到这句话都笑了。

那个男生抬起头，起立，拎起那根长长的纸条，眼睛里满是自豪。他大声地说："华老师，我会变一个魔术！"

听到他答非所问，我只有苦笑，也有一点儿好奇。看着他那等着我允许他表演魔术的急切的眼神，我说："行啊，请你给大家表演一下吧。"我让他走到讲台前面，并带头鼓起掌来。

他煞有介事地用一支铅笔和一支圆珠笔玩起了纸带套笔的魔术。

"请看好，套住的是铅笔，对吧？"

全班同学屏气静声，看着他变魔术。"是，套住的是铅笔。"

他将纸带一圈一圈地拧紧后，说："请看——"

纸带一圈一圈地松开了，最后套住的竟然是——圆珠笔。

同学们和三百多位听课老师一起鼓起掌来。

"真不简单！佩服佩服！"我由衷地夸奖道。"请问这个魔术是在哪儿学的？"

"在电视上学的。"

"谢谢这位同学的精彩表演，我们继续看剪出的纸圈……"同学们又兴趣盎然地投入了学习。

课后，我回味那位男生表演的魔术，反思我对这一“节外生枝”的教学处理。他表演的魔术与我这节课的教学内容风马牛不相及，我该不该让他展示呢？

学生是活生生的有思想的人，他们有着不同的生活经验和思维方式，因此，他们的思维方向、思维结果不一定符合教师的教学预设。

我们教学时是应该执行预设的教案还是抓住课堂生成的资源？多年来，我们已经习惯了根据自己预设的思路进行教学，在课堂上一旦遭遇“节外生枝”，便千方百计地把学生拉到既定的教学思路上。现在，我们知道了不能这样做，我们应把关注的焦点放在学生身上。可是，这样没有学科味的插曲，我们是否也任其滋生、发展呢？

如果我说：“你想表演一个魔术？我们还是课下再交流吧！”那位男生会怎么想？其他同学会怎么看？学生们的心思和注意力还能集中到学习内容上来吗？学生们可能会不满，也可能会惦记那个魔术。也许让那个学生表演完魔术，学生们笑过之后，后续的学习更有味道。

接下来，我是不是应该让学生思考：课堂上是否该出现这样的插曲？

我的处理好像过于简单了。那位男生可不是只表演给我一人看的。如果在那位男生表演完之后，我不是说“谢谢这位同学的精彩表演，我们继续看剪出的纸圈”，而是让同学们来评价，我想也许会有学生指出“这样的表演演得不是时候”。若没有学生指出，我再委婉地提示。这样做，我们的教学才是真正的教育，而不只是教学展示。

最好的学习是从错误中学习。不管是对学生还是对老师而言，课堂上的所有节外生枝都是一种难得的教育资源。

一个月之后，我翻看《创造发明1000例（数学卷）》，发现那位男生表演的魔术正是书中提到的拓扑游戏的翻版。

哎呀，多好的资源被我浪费了！想到这里，我汗颜不已。那节课，我正是想通过和同学们一起动手做莫比乌斯圈，让学生领略数学的奇异美，涉足拓扑几何，拓宽数学视野。如果我当时能看破那个魔术背后的数学原理，然后在课堂总结阶段点明，那学生怦然心动、悠然心会的场景将会是多么生动和诱人！

学生是无意的，而我是无知的。

如此美妙的“节外生枝”可遇不可求！“花开堪折直须折，莫待无花空折枝。”虽然为了上这节课，我已翻阅了不下20本专业图书，但仍然没有看出这个魔术背后的数学原理。这真是学无止境啊！

生成的课堂让我见识了学生的智慧，享受了挑战的快乐及自身成长的幸福，也让我领悟到：学生不是教师的对手，而是和教师一起缔造新课堂的伙伴。

因此，现在我在课堂上十分期待生成，“还有不同的想法吗？”“我很好奇，你为什么这么想？”已成为我的口头禅。

好课如初恋

一

2018 年 11 月 30 日，我在江苏省小学数学教师专业发展委员会成立仪式上执教了一节课《表面涂色的正方体》。由于会上的时间紧张，更由于我的老家在江苏，我似乎存在“近乡情更怯”的心理。因此，上完课后，我像唐代诗人宋之问那样“不敢问来人”。但事实上，我还是很想问的。这就有如朱庆馀在《近试上张籍水部》中所写——“妆罢低声问夫婿，画眉深浅入时无。”作为小学数学教师，我在这样的场合执教公开课，就像是新媳妇回老家。

会上“没能问”“不敢问”，会下我还是用微信问了。老乡们对我十分友好，好评不断。也有好友问我：“你在课上为什么不揭示其中的规律呢？”

是的，我没揭示其中的规律，这是我有意为之的。我有两点思考。

一是学生缺乏相应的认知基础。这节课讲的是苏教版教材六年级上册的内容，但是借五年级的学生来上课，学生还没有学“表面积”“体积”等知识。我如果在课上硬要揭示规律，学生因为缺少相应的知识基础，理解起来会很困难。

二是学生把玩几何形体的机会不够。学习几何是培养想象力的最佳途径之一。课堂上学生还没有玩起来，还没有玩够，我若匆匆忙忙揭示规律，仓促"登堂入室"，就太操之过急了。这节课可以玩的元素有很多。教材那样编，完全没问题。但教师用教材教学生时，完全可以、也十分应该对教学内容进行二度开发。这是因为，想象力比知识更重要。

二

我认为，好课如初恋。这是2011年《中国教育报》的记者采访我时，我表达过的一个观点。当时我只是说了这么一句话，现在把它拓展开来，与各位读者分享。

不知你对初恋的感觉是否如歌曲《初恋的感觉》中所唱——

> 清晨清新的风轻轻吹过我身边。
> 偶然和你遇见，在这一个很浪漫的夏天。
> 喜欢看你微笑，眼中你是全世界。
> 怦然心动，这是甜蜜初恋感觉。
> 很简单，没有复杂纷乱。
> 我对你的爱就像晴空的蔚蓝。

我在初恋时，最喜欢的诗句是："你在的时候，你是全世界；你不在的时候，全世界是你。"

好课如初恋般美丽。一节好课其实就是学生和知识的一次美丽邂逅。有了这次美丽的邂逅，学生就会特别盼望与知识的“第二次约会”“第三次约会”……“日日思君不见君……只愿君心似我心，定不负相思意。”

人生最珍贵的东西是什么？哲人说，是“未得到”和“已失去”。那么，在课堂上我们为什么要让学生早早地就轻易得到知识呢？难道作为“红娘”的我们，喜欢设计第一次相遇就走完了恋爱全程的“悲剧”？

初恋是爱你在心口难开。如果刚刚开始恋爱的人把心里话都说出来了，那就破坏了初恋的美好。所以，明明有许多话可说，却能憋着不说，留给学生们自己感悟，那才是好老师。把自己感到困惑的问题提出来，也是好老师。但把自己知道的全都说出来，就不是好老师。那究竟是说还是不说呢？我以为，如果是为了激发学生的好奇心，就应当说；否则还是不说为好。

一位特级教师说：“在一些学校，教师成了储存知识的‘容器’，学生成了储存知识的‘容器’。这些‘容器’包装袋上面的灰尘抖落后，人们才发现很多都不曾开封。”我对这种现象感到很痛心。教是为了学，好课应当让意义不断涌现。

过去，我们的教学就是为了得到结果，掐头去尾，精讲多练，重在知识；现在，我们的教学更加重视过程，从头到尾，自主探究，重在体验。实际上，我们的教学是为了开始，见头思尾，混沌初开，重在兴趣。1976 年，联合国教科文组织在《国际教育标准分类》中这样定义教育：“教育是有组织、有目的地传授知识的工作。”1997 年，该文件修订，教育的定义变成了：“教育是能够导致学习的交流活动。”其中“导致”一词，真的是意味深长。

三

现在的问题是，这节课若不揭示规律，那我们在教学中应该做些什么呢？

我设计了三个“比一比”：第一个“比一比”是用 2 分钟时间比一比哪组同学的动手能力最强。第二个“比一比”是用 2 分钟时间比一比哪组同学的表现最棒。第三个“比一比”是看哪组同学在第二天的课上完成任务用时最短。大家想一想，下课后学生是不是会欲罢不能，继续“玩”下去？这样一遍又一遍地玩过之后，学生是不是会牢牢地记住“表面涂色的正方体”？我甚至还可以设计第四个“比一比”：还是这样的小正方体，比一比哪组同学能给“表面涂色的正方体”换件“马甲”，将其还原成本色。

好友在微信上问我：“你为什么能设计出这样有意思的教学环节呢？”我回答说：“因为我知道爱因斯坦摞骨牌的故事。”

爱因斯坦在荷兰莱顿大学当教授时，讲的第一堂课是“成功的秘诀”。

爱因斯坦拿着一个盒子走上讲台，从盒子里拿出一枚又一枚骨牌，在桌子上摞了起来。摞到二十几枚时，骨牌哗啦一下倒了，他不紧不慢地捡起来接着摞……

一个小时过去了，所有学生都离开了，只有一名学生留下来将 50 枚骨牌全摞了起来。

爱因斯坦满意地笑了：“祝贺你成功了！有什么感想吗？”学生思索了一下，说：“每摞一次，都有新的发现。”

爱因斯坦意味深长地说：“成功的秘诀就是简单的事情重复做。”

有道是“念念不忘，必有回响”。我一直迷恋着爱因斯坦的那句“简单的事情重复做”。果然，苍天不负苦心人，我设计出了这节《表面涂色的正方体》。

也正缘于此，我更想和读者朋友分享我的感悟 —— 好课如初恋般美好！

未成曲调先有情

“同学们，你们知道我姓什么吗？”

“您姓华。”

“你是怎么知道的？”

学生手指 PPT 回答道：“那屏幕上面写了。”

“你真聪明！上课时大家就可以叫我‘华老师’。”

…………

我想，这样的场景大家可能都很熟悉。可是，现在我回想起来，真觉得不舒服。

“同学们，你们知道我姓什么吗？”这句话的背后是什么意思？问话者俨然把自己当成了大人物，似乎有种“你必须知道”的意味。

“那屏幕上面写了。”上课时，课题和老师的名字需要写在 PPT 首页吗？一般来说，把课题藏起来，更有利于保持学生探究的好奇心。

“你真聪明！”屏幕上的字写得清清楚楚，看到了就能算聪明？这样的评价也太廉价了吧！

这样反思之后，我就重视并琢磨起公开课前的开场白来。

公开课前的开场白重在帮助教师与学生建立感情，赢得学生的认同感。如果开场白不够新颖、奇特、独具匠心，恐怕很难一下子吸引学生和听课老师的注意力。

我非常愿意和读者朋友分享我上一节公开课时发生的故事。

一、叫响每一个名字

主持人说完开场白，我接过话筒。我面向听课老师，说："各位新朋友、老朋友，大家上午好！第一次听我课的新朋友，请您挥挥手。"不是"举手"，而是"挥挥手"。这是我听龙应台的演讲学来的。让听课老师"举手"，好像有把人家当学生看待的意思，而"挥手"则是朋友间打招呼。

在会场上，常常有半数以上的老师挥手，有时候竟然绝大多数老师都挥手。

我转身面向主持人，说："您说我多著名……"

听课老师们发出友好的笑声。

"哦，听过我课的老师没来。"我自圆其说。

会场上的笑声更大了。有老师几乎是在喊："我们看过您的教学视频！"

"那是二维的，今天大家可以看到三维的了。我初来乍到，请大家多关照！"我深深地鞠了一躬。

会场上响起了热烈的掌声。

之后，我面向学生，说："同学们好！请打开练习本，翻开新的一页。请在这一页的最上面写上自己的名字。要写得大一些，方便我看清楚。写多大呢？一个字大约一平方厘米。"听课的老师们笑出声来。"我是数学老师嘛，我要顺便考查一下你们对数字的感觉。"有学生说："一平方厘米有指甲盖那么大。""心中有数，好！"我一边巡视，一边随机读出一些学生的名字。"请把你的名字中我可能读错的字加个拼音。”听课老师中有人笑了。“人生自古谁无‘错’？”全场大笑。我继续一边巡视，一边随机读出一些学生的名字，特别表扬了把冷僻字注音的学生。“丁—大—伟！他真好，把名字里的三个字都注上了拼音。”全场笑翻。“请问丁大伟同学，你为什么把三个字都注上拼音？”

“因为您是数学老师。”学生一本正经地回答。

全场再次笑翻。

我微笑着大声说：“感谢丁大伟！他提醒我以后要把‘可能读错的字’说得重一些。”

在后面上课的过程中，我常常准确叫出学生的名字，这也成为课堂上的一道风景线。有徒弟问我：“师父，您怎么能那么快记住学生的名字？”我回答：“因为我用心了。”

二、用好自己的名字

我曾利用自己的名字做公开课的开场白。

去无锡讲课时，主持人说完开场白后，我接过话筒说：“大家知道我的老家是哪里吗？无锡！我是阿炳的弟弟。”我的话把全场老师弄得一惊一乍的。“阿炳的本名是‘华彦钧’，我叫‘华应龙’。”我对名字的巧妙利用让人感觉妙不可言。

汶川大地震后，举国上下陷入了巨大的悲痛中。2008 年 5 月下旬，我到南京参加现代与经典全国小学数学教学观摩研讨会。我在课前播放了刘欢的歌曲《从头再来》。

轮到我登台讲课了，我先问学生：“请问同学们都是南京人吗？”

大多数学生点头，也有学生摇头。

“都是江苏人吗？”

更多的学生点头，还有少数学生摇头。

“都是中国人吗？”

全班同学微笑着点头。

“如果还有人摇头，你们知道我会怎么问吗？”

有学生说：“都是地球人吗？”

我摇摇头，在黑板上板书“华人”，然后问大家：“都是华人吗？”

同学们频频点头。

我继续说道：“我们都是华人，都是龙的传人。每个中国人都应该是一条龙。我的名字是‘华应龙’。”我就着前面板书的“华人”完成了“华应龙”三个字的板书。

全场掌声雷动。

课后，老师们在互动平台上夸赞：“华老师的开场白给力，提气！”

三、好的开场白可以为后面的教学做好铺垫

“同学们，看到我站在这儿，你最想问的问题是什么？”

“您喜欢吃什么？”“您叫什么名字？”“您多大了？”“您从哪里来？”“您的腰杆怎么那么直？”“您喜欢踢足球吗？”“您有孩子了吗？”“您有多高？”“您今天给我们讲什么？”……

学生们七嘴八舌说了很多问题，我说：“非常好的问题！因为时间有限，我不能全部回答，选择三个回答一下，好吗？”

学生们满意地回答：“好！”

于是，我接着说：“我叫什么名字？”在板书“华佗”后，我问

同学们："认识吗？"

"究竟是认识字，还是认识人呢？"

"哈哈哈，都行。"我说。

不少学生应答："认识。""名医。"

我接过话头："是，华佗是三国时的名医。"我又板书"华罗庚"，问同学们认识不认识。

很多学生回答："认识，他是大数学家。"

"是的，他是世界上著名的大数学家。"我最后板书"华应龙"，问同学们认识不认识。

学生们使劲摇头，说："不认识。"

我指着"华应龙"三个字，装出有些生气的样子，说："他就是我。"

全班同学哈哈大笑。

"我再回答第二个问题'您多大了'。请问刚才问我的同学，你多大了？"

提问的学生回答："11 岁。"

"我儿子今年 27 岁。请你猜一猜，我可能多大？"

有学生抢答："38 岁！"

有学生呼应："不可能，华老师不可能 11 岁生孩子。"所有人都哈哈大笑。

我面向说"不可能"的那个学生说："这你也懂？！"

我再转身面向说我 38 岁的那个学生说："我很好奇，你是怎么想的？"

那个学生摇摇头，不好意思地笑了。

另一个学生举手，说："您今年 54 岁。"

"你是怎么想的？"

“我妈妈今年 39 岁，您的儿子比我大 15 岁，所以您可能比我妈妈也大 15 岁。39 加 15 等于 54，我猜您是 54 岁。”

我面向全班同学问：“你们想知道我究竟多大吗？”

全班同学响亮地回应：“想！”

我干脆地回答：“54 岁！”（其实，当时我 48 岁。但只要学生的想法是正确的，我的年龄就可以“顺水推舟”。）

全班同学齐声惊呼：“啊！真厉害！”

我两眼放光，为说我 54 岁的学生竖起大拇指，又乘势鼓劲：“掌声祝贺他！他真会动脑筋，把不熟悉的华老师与熟悉的妈妈联系起来，这个问题就好解决了。”

全场大笑。

“我现在回答第三个问题‘您从哪里来’。去过北京的同学，请举手！”大部分学生都自豪地举起手。没去过北京的学生，有的会微微低下头，有的会用羡慕的目光看着举手的同学。我接着说：“没去过北京的也知道北京有个天安门！”之前低下头的学生挺直了腰杆。“知道天安门向西大约 2.7 公里是哪里吗？”没有一个人举手。嘿嘿，这个问题就是北京土著也不一定清楚。有的同学想了想，小声地说：“王府井。”我摇摇头。又有同学说：“西单。”我摇摇头后，鼓励道：“方向对了！”

在大家期待的目光下，我说：“北京第二实验小学，那是我办公的地方。”

“三个问题回答完了，满意吗？”有学生说：“有意思！”“有意思？为什么觉得有意思呢？你觉得我在回答这三个问题时，有什么共同的地方吗？”

“您都没有直接告诉我们答案，而是让我们自己想。”

“厉害，厉害！是的，我都是把你们觉得陌生的东西与你们熟悉的东西联系起来。学数学常常要这样做。”

什么样的“开场白”不是“白开场”(淡而无味)，更不是“场白开”(不如没有)？这个问题真值得研究。我的几个有关“开场白”的故事不见得就好，希望能给你带来一些启发。

其实，课前、课中以及课后都是我们老师需要用心面对的育人时空。生活即教学，教学即生活。我努力追求的是“我就是数学”。我认为，老师就是他所教学科的形象大使，从我们走上讲台的那一刻起，教学就开始了。

我们在设计公开课的开场白时，要尽可能站在学生及听课老师的角度提出问题，要追求对话与生成、真实与自然的场面，能适当地调侃自己就更好了，这样就能为后面的教学做好铺垫，创设一个快乐求知的心理场。

我想，如果我们说完开场白之后，上课的学生和听课的老师能有“千呼万唤始出来，犹抱琵琶半遮面。转轴拨弦三两声，未成曲调先有情”的感觉，那就更棒了！

上好开学第一课

“成功的开学第一课是什么样的？”

“如果下课之后，学生有这样的感觉——老师说的话，如绕梁之音；老师的风范，令人如沐春风，那么我们要非常高兴地祝贺你，你的第一堂课成功了！”

每次开学前，我都会和学校里的老师说起上好开学第一课的讲究。

一

上好开学第一课，教师要注意自己的仪容。你站在学生的面前，还没有开口的时候，你的仪表已经在向学生说话了。仪表不仅是一个人的外表，也是你内心世界的外在表现，是你精神气质的自然流露。

上好开学第一课，教师要调节好自己的情绪。情绪调节讲究三个字：精、气、神，即精力、气势和神采。不管课前发生了多么让人烦恼的事，不管身体多么不舒服，只要一进教室，一上讲台，教师的面貌就应焕然一新。若教师的脸上有微笑，学生的心里就会有阳光，教室里的每一个角落都会熠熠生辉。

当然，上好开学第一课最重要的还是师生间的对话交流。

二

每接一个新班，我都会用心地记住学生的名字。拿到学生名单后，我会把学生的名字写在新学期的练习册上，再对照着家校联系单，猜想学生名字的由来。

有个学生叫疏桐，我说："疏桐，你是夜里出生的吗？"疏桐摇摇头说："我不知道。"他的眼神里写满了疑问，好像是在说："您怎么知道我是在夜里出生的？""我记得苏东坡的词：'缺月挂疏桐，漏断人初静。'这句话是写夜景的，所以，我想你可能是在夜里出生的。"疏桐微笑着说："我回去问我爸爸……"

再如，一个名叫京京的学生起立后，我问："京京，你是在北京出生的，是不是？""华老师，您猜错了，我妈妈怀我的时候在北京，生我的时候在南京，所以我叫京京。"同学们哄堂大笑，但京京这个名字却让人印象深刻。

老师用这种办法熟悉学生，学生会感觉老师平易近人，会觉得点名还可以这么有趣！这虽是雕虫小技，却能有效拉近师生间的距离。

老师还可以让学生毫无顾忌地说一说，他们对老师有什么期望。别忘了，老师也要谈谈自己对学生的期望。

三

书籍是我的老师。我在 2005 年读了苏联著名教育家阿莫纳什维利的《孩子们，你们好！》这本书，他的开学第一课给我很大的启发。

新的学年开始了，阿莫纳什维利把学生们的人事案卷拿回家去，他想了解每一个学生的情况。他把学生们的相片一张张地排列在桌子上，好像学生们就站在他的面前，每一张照片上都是纯真的笑容。

“我们生来都是善良的孩子，请不要把我们当成凶恶的孩子！”阿莫纳什维利仿佛从照片中听到了学生们的声音。

他对照着相片记每一个学生的名字。

就这样，在开学的前夜，阿莫纳什维利把全部学生的名字都记住了！

第二天，阿莫纳什维利来到教室，有几个学生已经早早就到了。学生们面对陌生人还有些拘谨，都默不作声。他们还不知道，眼前这位便是他们本学年的老师。

阿莫纳什维利笑眯眯地问其中一个男孩儿：“你叫吉哈，是吗？”

那个男孩儿露出惊异的神色，说：“是的，我叫吉哈……您怎么知道的？”

“你好，吉哈！”阿莫纳什维利伸出手，把男孩儿的小手紧紧地握住。

然后，他对一个女孩儿说：“你叫玛里卡！”说完，他握住了小女孩儿柔软娇嫩的小手。

…………

准确地叫出学生的名字，而且就像叫自己的老朋友那样亲切自然，这是阿莫纳什维利给学生的第一份见面礼。

每次读到这个故事，我都非常感动。我时常问自己：我能否也带给学生们这样的惊喜和温馨呢？

每接一个新的教学班，我们首先要考虑的是，如何让学生喜欢我，接纳我，爱上我的课。记住学生的名字，记住他的特点，这是老师给学生的第一份见面礼。不论是初登讲坛的新教师，还是初接新班的老教师，都应十分重视并上好自己的开学第一课。

我的“一题之师”

3 点钟时，钟面上的时针和分针夹角是（　　）度；再过 1 小时，时针和分针成（　　）角。

这是四年级单元测试卷上的一道题。

评讲时，我用双手比画：从 3 点到 4 点，时钟的时针和分针的夹角由直角变成钝角。突然，我灵光乍现：这是渗透极限思想的好机会！时针和分针的夹角只要比直角大一点点，就是钝角了。因此，不问“再过 1 小时”，而是问“再过 1 分钟”，就是一道绝妙好题了。

“同学们，请注意，下次我不会这么出题了，我会问再过 1 分钟，时针和分针成什么角。”全班同学屏住了呼吸。

我说完题目，没有一个人举手。

又等了五六秒，终于有学生开口了：“还是钝角。”

正中下怀。有其师，必有其生，不愧是我的学生，就是厉害。

下课后，我在讲台前批改作业。小平、伟辉走到我跟前，说：“华老师，今天的课您讲错了。”我抬起头，看看他俩，想了想说：“今天课上的知识很简单，不会错的。去玩吧，我要抓紧批作业。”两个小家伙不肯走。

过了一会儿，其中一个说：“华老师，我们算过了，您错了。”“算过了？”我停下笔，侧耳细听。“分针比时针走得快，所以3点零1分时，时针和分针之间不是钝角。”我恍然大悟：确实不是钝角，而是锐角。原来，我只考虑到时针在动，却忽略了分针也在动。

我抱着两个小家伙好好亲热了一番，并叮嘱他俩不要告诉其他同学。

第二天课上，我再出示这道题，只有小平、伟辉没有回答，其他同学都说是钝角。“为什么啊？”这是我的习惯用语，学生们已习以为常，他们纷纷自圆其说：“只要比直角大一点点，就是钝角了。”我微笑着满意地点点头。继而，我又使劲地摇头，“真的吗？错了，错了，都是我的错！”然后，我把前一天课间的故事讲给全班同学听。同学们为小平、伟辉的优异表现热烈鼓掌。

我继续说：“一开始他俩指出我错了，我没承认，但他俩并没有离开。太感谢他们了，否则，我们会一直错下去。这让我想到哲学家亚里士多德。亚里士多德从十几岁起就跟随柏拉图学习，时间长达二十余年。对亚里士多德来说，柏拉图既是他非常崇敬的恩师，也是他的挚友，正所谓‘良师益友’。他曾作诗赞美柏拉图：‘在众人之中，他是唯一的，也是最初的……这样的人啊，如今已无处寻觅！’然而，在探究真理的道路上，亚里士多德表现出了极大的勇气。他不畏权威，不畏传统。他毫不掩饰自己在哲学思想的内容和方法上与恩师存在严重的分歧，毫不留情地批评恩师的错误。这自然会引来一些人的指责，他们指责亚里士多德是背叛自己恩师的忘恩负义之徒。亚里士多德对此回敬了一句响彻历史长河的名言：‘吾爱吾师，但吾更爱真理！’”

最后，我拿出了我的特殊奖励——我的旧名片——送给他俩，反面写的是“我的‘一题之师’”。我的单位、职称等变换之后，我把没用的旧名片拿来奖励学生。最重要的是，我会在旧名片的背面写上鼓励的话。我的学生常常以拥有我的旧名片为荣，并且会把它压在自家写字台的玻璃下。

华罗庚先生说："天下只有哑巴没有说过错话，天下只有白痴没有想错过问题，天下没有数学家没算错过题的。"很多天才数学家都犯过错。华罗庚为什么能从江苏调到北京？因为他发现了苏家驹先生数学论文中的差错，展露了自己的才华，熊庆来因此把他从江苏乡村调到了清华大学。陈景润又为什么能从福建调到北京？因为他发现了华罗庚数学论文中的差错，同样展露了他的数学才华，华罗庚帮助陈景润调到了北京。

差错人皆有之。我们在教学中出现失误时，要及时、冷静地分析、判断，调整活动方案，采取补救措施，让失误成为发展学生思维不可多得的契机，让教师处理差错的言行成为学生对待差错的榜样。如果教师以"我是故意考你们的"或"别钻牛角尖"等理由搪塞或推诿，不敢肯定学生，不能正视差错，自然会被学生厌弃。如果我们懂得"弟子不必不如师，师不必贤于弟子"和教学相长的道理，我们就应该有勇气承认自己的差错与不足。

差错来敲门时，手里都带着礼物。如果我们的眼睛只盯着差错，就会错过接受礼物的机会。我们的眼睛应盯着礼物，瞄准学生，想想学生从差错中可以获得什么。如果我们平时对学生说"差错很可爱""差错是进步的阶梯""错若化开，成长自来"，但我们自己犯错的时候，就只想找个地缝钻进去，那学生将会获得什么？

理想的教学应该是对话式的，师生相互请教，双方互为先生和学生。教师要不断丰富自己的学识，提升自己的理性。因为只有丰富的学识与彻底的理性，才能赋予我们更大的格局，让我们更加大气。

有滋有味教数学

2016 年 5 月，李烈校长带我和宋征主任来到重庆，参加第六届全国名校名师教学交流研讨会。全国名校名师教学交流研讨会是由教育部小学校长培训中心第一期全国小学骨干校长高级研究班学员领衔发起的。李烈校长是这个高级研究班的书记。

会上共展示、研讨了语文、数学、英语三个科目共 16 节课。宋征老师执教的数学课《会提问的周长》赢得了满堂彩，好评如潮。大家对这节课设计之简洁，站位之高妙，学生回答之精彩，老师点拨之灵动，给予了高度的肯定。

试举一例 ——

学生用两个完全重合的长方形拼出了 5 个组合图形。师生讨论了能求出的周长之后，宋老师板书周长数值：48、54、54、68。宋老师接着说："你有什么发现？如果你是图形，会提出什么问题？"

学生们踊跃发言。

"你真的能求出我的周长吗？"

"为什么有的图形平移之后能求出周长，有的图形平移之后却求不出周长？"

"为什么有的图形不一样，周长却一样呢？"

…………

宋老师顺着学生的问题展开教学环节，课堂进入了高一层次的周长学习阶段，学生们的表现十分精彩。

宋老师的教学处理十分巧妙：先带着学生研究“为什么有的图形不一样，周长却一样”，再处理“为什么有的图形平移之后能求出周长，有的图形平移之后却求不出周长”，最后指着学生们认为无法求出周长的第5个组合图形，计算出了它的周长。这样的设计无比美妙。如果按照学生发现和提出问题的顺序展开教学，那会是相当艰难的。

“学生的精彩才是课堂上真正的精彩，这精彩的背后是老师下的功夫。”

“课堂上的美景尽在学生的眼睛里。”

听完宋老师的课，很多老师发出这样的感慨。

北京的一位校长跟我说：“北京第二实验小学的课有长度，有宽度，有高度，有趣味！”

为什么北京第二实验小学的课能达到这样的境界呢？

因为，北京第二实验小学有李烈校长。是李烈校长主张的“勇敢地退，适时地进”造就了我们第二实验小学课堂的精彩。退出一片天空，彰显学生主体；进来三言两语，凸显教师功力。

李烈校长曾给老师们做专题报告《课堂教学“两条线”》《课堂教学“十意识”》，和老师们一起讨论建构“课堂教学评价标准”“课堂文化”……李烈校长每学期都听课120节左右，并且每次听课后都会给出中肯的评价。

北京第二实验小学有一大批优秀的数学老师。有4位在职的数学特级教师，有1位数学教育博士，有近20位市、区数学教学带头人、骨干教师。

新近毕业的本科生、研究生大都是怀着“数学名师梦”走进我们学校的。听完这些年轻教师的课，您会不由得想起李商隐的“雏凤清于老凤声”，荀子的“青，取之于蓝，而青于蓝”。当然，您也可能会想起郑板桥的“新竹高于旧竹枝，全凭老干为扶持。明年再有新生者，十丈龙孙绕凤池”。

这些年轻教师为什么水平这么高？因为他们在北京第二实验小学都有很好的师傅，很好的交流平台。

我们学校每年都会举办教学大赛，每学期都有教学专题研究月，每周都有学校行政人员参与的调研课，每天都有老师自主交流的挂牌课。

国家教育行政学院、教育部小学校长培训中心、北京师范大学举办的一系列国培项目也常常需要我们学校上研究课。

《学记》中说：“独学而无友，则孤陋而寡闻。”名师和好课都是在沃土中成长出来的。

黑格尔说：“历史题材中有属于未来的东西，找到了，作家就永恒。”我们孜孜以求，我们翘首以盼。

主题研究课这样做

为帮助儿童拓宽视野，提升综合素质，北京第二实验小学总结多年来开展主题教育与综合学习的经验，并将两者加以整合，创造了新型的综合课程 —— 主题研究课。经过三年多的实践探索，主题研究课逐步走向成熟，成为我校“双主体育人”理念的重要实践方式。

一、“植根”的课

2013 年初，北京第二实验小学教育集团各校校长和“李烈校长工作室”的校长们与教育部、北京市、西城区有关部门的领导、专家齐聚一堂，一起研讨学校已经开办三年多的主题研究课。首先是每个年级的教师代表做汇报，然后是来宾提问，最后是领导、专家评点指导。台上台下热烈互动、研讨的氛围深深感染了每一位与会者。大家对学生们在主题研究课中展示出来的研究能力惊讶不已。

2012 年秋，四年级确立的研究主题是水。有一组学生把对水的研究和学校向学生们提出的“不喝碳酸饮料”的建议结合起来。这个组的学生首先对小学生喝碳酸饮料的情况进行了调查。他们选取了本校同学作为样本，在接受调查的 30 名小学生中，三年级以下学生常饮用碳酸饮料的比例为 53%，三年级以上学生常饮用碳酸饮料的比例为100%。有了这一数据，学生的探究兴趣更浓了：看来所有三年级以上的学生都常饮用碳酸饮料。那么，学校为什么还要建议小学生不要喝碳酸饮料呢？

学生们把各种饮品的配料整理成表格，以便于比较。比较之后，有的学生认为，碳酸饮料为身体提供了很多能量，大家应该多喝；有的学生找来了资料：大部分饮料的能量和糖都过多，经常喝这样多糖、高热量的饮料，势必会造成肥胖，影响心肺功能。

有的学生还做了小实验。学生说："我剪了块指甲，把它放进喝剩的可乐中。第二天，我惊奇地发现，指甲的颜色竟然变了。我可兴奋了，想看看它还会有什么变化。三天后，我仔细观察后发现，把可乐倒进水池里才能找到指甲，指甲变薄、变小了很多。我想，会不会是饮料中的某种成分与指甲起了化学反应？于是，我迫不及待地上网去查。果然，可乐中含有磷酸，而磷酸属于强酸，即使经过稀释还有一定的酸度，对物体有腐蚀作用。连指甲都禁不住磷酸的腐蚀作用，更别说我们的牙齿了。所以，我觉得喝碳酸饮料对人的身体一定有不小的危害！"

在调查研究之后，学生自觉地提出不喝碳酸饮料的倡议。

学生们精彩纷呈的研究，让我们想到了明代哲学家、教育家王阳明《传习录》中的一个故事。

有一天，王阳明和他的学生外出游学，到了一个叫"禹穴"的地方。看到田间的禾苗，王阳明深有感触地说："才几天，这禾苗就长得如此高了！"有个姓范的学生在旁边说："此只是有根。学问能自植根，亦不患无长。"

我们的主题研究课就是一门"植根"的课。

二、价值观的重建：培养健全的人

教育的根基是什么？是价值观。

学校教育的改革与创新最重要的任务是对教育价值观的澄清、反思、重建与坚守。对主题研究课的实践探索始终伴随着关于人的发展的不断思考以及在实践层面上相应的教育价值观的重建。

1. 关于人的认知与德行

我们始终认为，如果说“人”字的一撇是一个人的认知系统，由知识到认知，再到方法、能力，最后的落脚点是思维方式的话，那么，一捺便是人的德行、情感及社会性发展。只有这两个方面相互支撑，才能培养出顶天立地的人。我国有重视德育的传统，中国的传统教育让儿童在经典的诵读及诠释中习得基本的做人准则。发展到今天，学校通常会在传统节日安排教育活动，对学生进行尊老爱幼、热爱劳动、学会感恩等方面的主题教育。但众多的主题教育内容及形式都比较单一，只注重成人的权威训导，忽视了儿童的独立思考，忽视了儿童对价值观的自主分析、判断、选择与自觉践行的过程。在今天多元文化的背景下，传统的主题教育受到了前所未有的挑战，教育效果也不太理想。针对这种情况，我校主题研究课赋予主题教育以自主学习、独立思考、主动探究的新内涵，让儿童通过研究性学习，不断拓展、深化对主题内涵的理解，在探究性的实践中增长见识，加深对自然、社会和人生的理解。

几年来，我校每个年级的学生都围绕特定的主题，如“故宫”“四合院”“中国非物质文化遗产”“眼睛”“水”“规则”“合作”“责任”等，进行自主探究学习，自我教育。这从根本上改变了过去主题教育中单一的以成人灌输为主的状况，唤醒了儿童的道德自觉。

例如，2012 年 7 月 21 日北京特大暴雨后，六年级的学生主动对四合院排水系统进行研究。学生们重点对在特大暴雨中经受住考验的故宫排水系统进行了实地考察研究。他们为先辈们非凡的创造力感到惊奇，对祖国宝贵的文化遗产感到自豪，同时从中受到启发，尝试设计四合院排水方案，释放出自己的创造潜能。

2. 关于人的纵向思考和横向拓展

长期以来，我国中小学课程设置以分科课程为主，学生按照知识系统进行纵向的“条状”学习。学生的学科基础知识比较扎实，擅长对某一个方面的问题进行深入的思考，但思维角度比较单一，易受某些思维定式的束缚，创新能力不足。学生在学校里更多的是分学科学习的，但他们走向社会后，要面对的现实生活中的问题都不是靠单一学科的知识能解决的。人的思维方式对其终身发展及生活质量都有极大的影响。若学生只有单一的学科知识，缺乏横向思考及综合能力，这样的发展是不健全的，学生也无法成为完整的人。考虑到这些，我校鼓励学生对自己感兴趣的话题进行跨学科的自主学习。学校还开展学科沙龙活动，吸引不同年级的学生参与交流，实现对学科界限的超越。为了引导师生从多个视角关注事物，我校先是开设了综合学习课，后来又将综合学习课改为主题研究课。主题研究课是由同一个年级的全体教师和学生围绕一个主题一起进行多层面的系列研究与交流，旨在培养学生多角度、立体地、多元地、系统地思考问题的能力。

我们还专门设计了主题研究课任务单，包括研究角度、研究过程、启发或收获等内容。这个任务单可以帮助学生记录研究过程，更好地实现我们的教育诉求。

三、学习方式的转变：走进社会大课堂

人的思维方式与行动方式具有内在的一致性。要促进儿童思维方式的变革，必须改变其行动方式。具体到课程与教学上，就是要改变儿童的学习方式。只有改变了儿童的学习方式，才可能改变其思维方式、交往方式、生活方式，才可能成就他的一生。

主题研究课是这样实施的。

一是规划与设计。在各年级核心团队的带领下，师生共同商议一个大主题，并进行规划设计。教师共同制定活动方案，明确活动目标、内容、指导方式及活动程序等。学生填写任务单，在大主题范围内，选择自己的小课题以及合作伙伴，确定研究方式。要特别强调的是，学生要从不同学科的角度分别对研究过程进行规划。

二是行动与反思。学生查找资料、调查、考察、做实验等，进行自主探究，并不断进行小结与反思，写下“我在研究过程中的收获与感悟”。在此过程中，教师与学生一起活动，相机进行指导，并根据学生的探究情况对后续的活动进行具体的规划与改进。

三是交流与评价。学校组织师生进行小组内、年级内、全校范围内的学习成果交流。学生选择适合自己的方式展示活动成果，教师通过学生们喜欢的方式（如设计水滴印章等），对学生的活动成果进行奖励，不断激发他们的积极性、想象力与创造力。例如，五年级上学期的研究主题是“校园”。研究校园内竹文化的学生提议改进竹子的介绍牌。他们认为，介绍牌上不仅要有竹子的名称，还要有竹子的生长特点、精神内涵及有关竹子的成语、古诗；介绍牌的正面应为中文，背面应为英文。这样的创意让我们看到了学生思维方式的转变。学生面对事物时从单一的学科角度思考，到运用综合思维，融合语文、科学、书法、英语、美术等多个学科的知识来解决问题。

从以书本为中心到以现实问题为基点，从分学科学习到多学科融合，从教室走向社会大课堂，从以教师为主导到师生共同学习创造，师生不断打破学科界限，多角度思考并解决问题。

1. 以现实问题为基点

学科课程通常以学科的知识体系为纲，教师在课堂教学中有时也涉及不少现实生活中的事例，但那都是服从对学科知识理解与建构的需要，强调自上而下地建构学科知识。主题研究课则直接面对现实生活中的问题，例如四合院的排水问题、污水的净化问题、非物质文化遗产的保护问题等。解决这些问题，学生通常也需要使用有关学科知识，但都要服从对现实问题的分析与解决的需要。在主题研究课中，现实生活中的问题成为学习的基点，它更强调自下而上地建构知识经验，更加注重在社会实践中的学习。

2. 多学科融合

在有关水的主题研究课中，学生想解决为什么雨水、海水不能喝，雨水与矿泉水中分别含有什么物质等问题。在老师的帮助下，学生着手搜集带“水”的成语；用水浇蒜苗，观察它的成长过程并列出一个统计表；收集资料，进行有关雨水与矿泉水中的物质的比较分析；制作“节水牌”，上面写着“节约用水，人人有责”；查找资料，看水的三种形态用英文怎么说；用筷子敲击装水量不同的杯子，比较声音有什么不同等。在对有关水的若干问题的探究过程中，学生的思路不断拓展，语文、数学、英语、科学、音乐、美术等多学科知识融入其中。我们希望，学生在面对一个问题时能从不同的学科角度考虑、研究，不断拓宽思路，进行横向思考。在这之后，再对自己特别感兴趣的话题进行重点研究。我们并不希望学生一开始就选择某个感兴趣的学科问题进行研究。

3. 走进社会大课堂，在做中学

在主题研究课中，面对现实中的问题，我们不只是查找资料，进行分析，还要尝试去解决，学习在生活中该如何面对。学生走出教室，走进社区，尝试进行改善生活、改进社会的行动。在“中国非物质文化遗产”的主题研究课中，学生们在操场上练习抖空竹、滚铁环、荡秋千。他们还采访了皮影艺人，走到皮影戏的后台，亲手操控皮影，在动手的过程中深切地感受到原来想要自如地操控皮影并不是一件简单容易的事情。在“水”的主题研究课中，学生们制作净水装置，从事浇水劳动，尝试进行家庭用水的再利用，制作节约用水的宣传牌，还通过查找外文资料，看到了不一样的水的世界。在这个过程中，我们做到了寓教于乐。例如，在研究皮影戏的过程中，学生们不只是玩皮影，体验皮影带来的乐趣，还探究了皮影形成的光学原理。在解决现实问题的过程中，学生们还体会到了知识的意义与价值。

4. 师生共同学习

在主题研究课上，同年级的所有学生围绕一个主题进行探究、交流，大家的思想、观点、技艺既相互补充、相互启发，也相互碰撞、相互激励。学习成果交流会成了学生们比拼才艺的舞台。例如，六年级上学期的研究主题是四合院，最后，学生们制作立体模型 45 个、创意四合院 147 座，编制小报 356 份，创编课本剧 45 部、相声 11 段，撰写论文 73 篇。全年级教师与学生们一同学习，开放性的主题探究活动对每位教师而言都是考验和锻炼。教师与学生双向选择，同时邀请家长参加，成人与儿童一同体验成长的快乐。参与主题研究活动的老师常惊叹于学生们的想象力与创造力，同时反思着自己的角色定位，感到自己“不再是某一学科的传道、授业、解惑者了，应该是掌握更丰富知识、思考问题更加多角度、不唯学科的指导者了”。教师们也在不断打破学科的界限，养成多角度思考问题的习惯。

四、对主题研究课的深化研究

开展主题研究课几年来，我们感受到多学科知识的融合有效促进了学生系统化思维的初步形成；社会、家庭、学校形成了教育合力，提高了学生多角度思考问题的能力；课内外学习活动的有机结合，开拓了学生的视野，拓宽了学生的学习空间，培养了学生的研究意识和创新精神。

对学生来说，任何主题的研究都没有最终答案，更没有唯一正确的答案。现实生活中的问题是复杂的，旧的问题解决了，新的问题还会出现。对学校来说，主题研究课的探究实践仍需要不断完善。

一是主题研究课不能只是停留在横向的、整体的、模糊的思考层面上。在主题探究的过程中，教师还要进一步引导学生将横向思考与纵向深入有机结合起来，既要在整体把握的基础上，做更加深入、细致的分析，又要学会及时将各种资料、信息加以综合，不断突破已有思维方式的束缚，从根本上改变思维方式。

二是主题研究课作为一门课程，其课程目标、课程内容、实施方式及评价方式等还有许多需要不断完善的地方。经过几年的实践探索，我们初步形成了主题研究课的学生发展目标，具体如下。

四年级上学期：根据主题，从不同学科的角度收集、查找资料，并进行初步筛选，让资料为我所用，树立资料意识。

四年级下学期：学会由此及彼的思考方式，树立多角度看问题的意识。

五年级上学期：学会提问，学会由表及里的思考方式，初步树立整合意识。

五年级下学期：在分类、对比、综合的过程中，树立整合意识。

六年级上学期：学习运用多种研究方法，如调查问卷、数据整理、对比和比较、访谈等。

六年级下学期：初步形成系统思维方式，提升综合研究能力。

上述主题研究课的目标很难说是十分清晰、层次分明的，我们还需要不断努力，形成自己的主题研究课程纲要和课程资源包。

老子说："千里之行，始于足下。"主题研究课的实践让我们相信，今天我们的学生"始于足下"，明天他们会远行千里。

/ 注：本文系作者与李烈校长合作完成 /

我不只是数学

一

2009 年，我出版了《我就是数学 —— 华应龙教育随笔》。多位好友问我："应龙，平时你挺谦虚的，这次怎么取了个这么狂的书名？"

为什么说"我就是数学"呢？

如果有朋友问我："华应龙，你喜欢什么？"我会回答："我就是数学。"

如果有朋友问我："华应龙，你能做什么？"我会回答："我就是数学。"

如果有朋友问我："华应龙，在学校里你是什么？"我会回答："我就是数学。"

如果有朋友问我："华应龙，如果一生只能做一件事，你的这一件事是什么？"我会回答："我就是数学。"

马克斯·范梅南在《教学机智 —— 教育智慧的意蕴》中说："一位科学课教师不只是一个碰巧讲授科学课的人而已。一位真正的科学课教师是一个反思着科学、探索着科学的人，是一个自身即体现了科学并身体力行的人，从某种意义上说，他就是科学。"诚哉斯言，教师就是他所教学科的形象大使。

“我就是数学”乃是自我安顿、自我期许和自我鞭策。我希望自己既用数学修身，也用数学育人，还用数学立命。

二

我说“我不只是数学”，这又是为什么呢？

请让我用亲身经历来回答——

在汶川大地震两周年前夕，四川省什邡市邀请我去讲学，教学内容是人教版小学数学三年级下册的“解决（连乘）问题”，讲座的内容是“如何提高‘解决（连乘）问题’教学的有效性”。

接到任务后，我思考了下面几个问题：

现在的“解决（连乘）问题”教学与传统的应用题教学有什么不同？我们应该如何扬弃传统的应用题教学经验？

问题情境是一节课的眼睛，是情意绵绵深似桃花潭的，是可以顾盼生辉的。当然，最好是真的、自然的。教材中“3个方阵一共有多少人”的问题情境该如何呈现？为什么要解决这样一个问题呢？针对这一情境，学生可能会提出什么问题？有没有更适合的例题情境呢？

学生列式解答连乘问题有困难吗？如果学生能在正确理解题意的基础上正确解答，那教学的意义和提升作用体现在哪里？为什么要上这节课呢？

…………

一个星期后，北京市中小学各学科教师代表一行12人一同前往什邡市。到达什邡市后，我们欣喜地看到了一派新气象：宽阔的公路，崭新的民房，绿油油的庄稼，幸福的笑脸……学校的建筑在当地是最靓的。而在地震遗址公园，我们被倾斜的楼房、下陷的地基、扭曲的管道、废墟中的书包深深地震撼：在大自然的面前，人和蚂蚁没有什么不同，都非常脆弱和渺小。

怀着非常特别的心情，我站上了什邡市朝阳小学的讲台。

讲到这里，我说我不只是数学，我的课堂上不只有数学知识，您同意吗?

为什么要说“我不只是数学”呢?

第一，无教学不教育。

教育的核心目标无疑是育人。雅斯贝尔斯曾说过，教育是人的灵魂的教育，而非理智知识和认识的堆积。他认为，对学生来说，仅仅获得知识是不够的，他们还应成为完整的人，因此需要接受全人教育。雅斯贝尔斯认为，“全人”应具有基本的科学态度、民族精神、整全的知识、适宜的个性特征及责任意识。

我们认为，在随时随地都可以通过网络查询新知识的时代，在不少人满足于“这个，我知道”的时代，教育的价值在于立德树人，培养学生的优秀品格，包括倾听别人的观点，从他人的角度思考问题，追求真理，言行一致，正直、善良，等等。我们要帮助学生成为一个拥有文化的“全人”。

第二，情绪不是干扰。

当今世界公认的神经科学研究领域的领袖、美国南加州大学神经科学、心理学和哲学教授安东尼奥·达马西奥在《笛卡尔的错误：情绪、推理和大脑》一书中指出："情绪是推理的一个组成部分，情绪可以协助推理过程，而不会造成干扰。"我们认为，课堂上那些"不是数学的部分"不仅不会干扰数学学习，反而会滋润、滋养数学学习。

一位名人曾说过，把在学校所学的东西都忘了，剩下的就是教育。那么，我们在设计教学和实施教学时是否就该想一想：自己的教学除了教给学生知识，还能给学生留下些什么？由此想来，我们的教学要取得成功，是否也需要有一个"明确的目标"？我们不但要传授知识，启迪智慧，更要滋润生命。

第三，教师不是书橱。

我们不必因死守着"学科边界"，而遮蔽了自身的人文情怀，扼杀了课堂的生命活力。教师不是机器，而是人。只要不是叠床架屋，只要不是焚琴煮鹤，而是"随风潜入夜，润物细无声"，那就很美妙。

2014 年，《教育部关于实施卓越教师培养计划的意见》明确指出："针对小学教育的实际需求，重点探索小学全科教师培养模式，培养一批热爱小学教育事业、知识广博、能力全面，能够胜任小学多学科教育教学需要的卓越小学教师。"这从政策层面确定了我国小学教师的培养方向。

除了数学，我还能给学生带来些什么？

第一，中国优秀传统文化。

《道德经》中的"天下难事必作于易，天下大事必作于细""千里之行，始于足下"，《论语》中的"己所不欲，勿施于人""己欲达而达人"，《孟子》中的"不以规矩，不能成方圆""尽信书，则不如无书"，王阳明的"知而不行，只是未知""人生大病，只是一傲字"……这些都是我喜欢和学生分享的。

第二，人生的规则。

教学“分数的再认识”时，我设计了一个小练习（如图3）。学生独立完成练习后，全班交流答案。大家回答前两道题时异口同声，没有异议。第三道题，第一个学生报“圈9个苹果”，立马有一个学生大声说：“错了，圈12个。”第一个学生“哦”了一声。我追问：“到底圈几个？”有一半学生肯定地说“12个”，有学生虽然疑惑，但仍声音很低地说：“9个。”我再问：“到底圈几个？”有说“12个”的，有说“9个”的。有学生回头一看，笑了：“老师，苹果的总数不一样啊！”学生们惊呼“上当”，看着我脸上的表情，说：“老师，您真坏！”我微笑着说：“笑过之后，你有什么收获？”

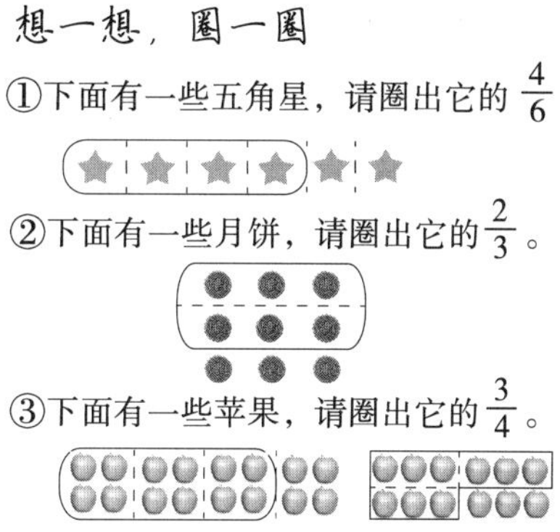

图3

有学生说：“我明白了，虽然分数相同，但整体不同，所以圈出来的结果不同。”这是讲分数的相对性。

有学生说：“虽然整体不同，圈出的结果也不同，但因为都是平均分成4份，取了3份，所以都是用$\frac{3}{4}$来表示。”这是讲分数的意义。

有学生说：“做事要有自己的原则，不能跟着别人跑。”

有学生说：“只要自己认真思考过了，就要敢于坚持。”

我说：“大家说得真好！华老师还想和大家分享一句话：与自己不同的声音不一定是错的，要学会站在对方的角度看一看、想一想。”我认为这是在讲人生的规则。

在教学“三角形两边之和大于第三边”时，我从头到尾都在讲

“失败和成功只相差一点点”；在学生纠结于“若两边之和等于第三边，能不能围成三角形”时，我对学生们说：“学习数学时请不要相信你的眼睛。”

在教学“游戏公平”时，我不动声色地向学生渗透“孝敬父母”的道理，旗帜鲜明地揭示“一切皆有可能”。

在教学“抢数游戏”时，我一语道破：“我们没法改变别人，只有改变自己。”

在教学“正方体表面涂色问题”时，我“顺手一投枪”：“位置不同，角色就不一样。”

第三，哲学故事。

《义务教育数学课程标准（2011 年版）》很重视培养学生发现问题和提出问题的能力，因此，我会在数学课上给学生讲大哲学家维特根斯坦的故事，讲他因为总能发现问题，所以才会超越罗素。

《义务教育数学课程标准（2011 年版）》很重视培养学生的猜想能力，因此，我给学生上了一节“我有一个猜想”的数学课。课上，我和学生分享了亚里士多德的猜想——“女人的牙齿比男人少”。

第四，科学文化。

科学文化是在科学创造的过程中形成的文化，是人们在开展科学研究时所秉承的共同信念和思维方式。我讲“圆的认识”一课时，借助认识圆的过程，和学生分享认识新事物时需要回答的五个问题：“是什么”“为什么”“怎么做”“为何这么做”“一定要这样做吗”。这五个问题让学生体验到了研究的乐趣。我告诉学生“问号是开启任何一门科学的钥匙”，接着又出示了爱因斯坦的图片和话语——“我没有什么特别的才能，不过喜欢寻根刨底地追究问题罢了。”

讲“指尖上的数学”一课，在让学生创造性地记录下数手指的过程后，我组织学生交流、欣赏各不相同的记录方法，引导学生发现规律。当学生不得要领时，我说：“有一个成语叫‘管中窥豹，可见一斑’，意思是从竹管的小孔里看豹，虽然只能看到豹身上的一块斑纹，但可以从观察到的部分推测到全貌。现在你们就看着‘一指’上的数，你们能总结出什么规律？”……

我的数学课堂上，还有电影片段、成语故事、神话传说、民间俗语、神奇魔术……

三

2012 年，我的教学思想研讨会在北京召开，叶澜教授说可以用五个“化”字概括我的教学追求和教学风格。

> 第一个“化”是华应龙把数学和他的人生化为一体，他努力将自己对人生、对数学的领悟化到数学教学中，所以他喊出了“我就是数学”。
>
> 第二个“化”是在数学教学过程中，华应龙从“趣”入手，唤起“思”，又以“思”升华“趣”。前面的“趣”是有趣，后面的“趣”则是对数学、对科学研究的“趣”，那是一种升华的“趣”。
>
> 第三个“化”是华应龙把人文生活、中国传统文化中有意义、有价值的东西，以及他自己领悟了的东西，化到他的学科教学中，使他的数学教学呈现出一种人文关怀。
>
> 第四个“化”是华应龙将学生在学习过程中产生的各种各样的资源化成教的资源，通过教把学生的思考、领悟引入新的层次，再化为学生真实的学。

第五个“化”是华应龙把难化为易，把易化为深入，把点化为面，把每一节课都化到学生的精神生命成长中。他承担起了一个教师应该承担的责任，这就是对学生成长的点化。

感谢叶澜教授的肯定！虽不能至，心向往之。我愿意继续追求！

2014 年，一节课后，一个男生问我：“华老师，如果您的头脑容量是 100%，请问数学占多大比例？”

多好的问题呀！我们成年人是问不出这样的好问题的。

我微笑着回答：“我头脑中的东西分为两部分，一部分是‘数学’，另一部分是‘为了数学’。”

/ 本文载于 2015 年第 10 期《中小学教材教学》

2017 年 6 月 16 日修改于北京圆方斋 /

缺憾成就下一个完美

2019 年 9 月 11 日下午，北京市怀柔区第三小学邀请我去讲学。因为庆祝中华人民共和国成立 70 周年大会马上要在北京举行了，赵艳芳副校长建议我执教《阅兵中的数学故事》，以推动学校师生更好地开展数学综合实践活动。我欣然应允。

《阅兵中的数学故事》是我在 2015 年开发的一节数学综合实践课，我在全国很多地方执教过。4 年之后再次演绎，我已是轻车熟路。

哪知道，课程刚过半，我意想不到的事情发生了。

学生要计算方队踢正步、通过检阅区的准确时间，首先要求出方队的长度。我出示了阅兵指挥官给我的原始数据 ——

旗手的脚尖距离将军的脚尖 6 米，将军的脚尖距离第一排士兵的脚尖 6 米，后面 14 排士兵都是前一排士兵的脚跟距离后一排士兵的脚尖 0.9 米，脚长 0.3 米。

我微笑着问："数据有些多，是吗？"

学生齐答："是！"

我说："如果我们把这段话画成线段图，也许能更容易算出方队的长度，在头脑中想象一下该怎么画。（学生静心思考）来，我们一边读一边画！"（学生读题时，我用 PPT 展示线段图，如图 4）

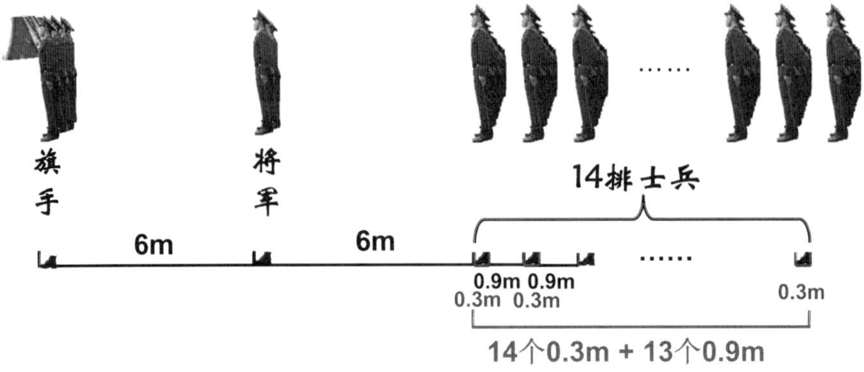

图 4

我说：“看着图，现在能算出整个方队的长度吗？

学生齐答：“能！”

我说：“好，试试看！”

学生独立计算，我巡视全班。大约 2 分钟后，我说：“同学们反应很快，都有了自己的想法。（竖起大拇指）不过，答案各不相同。（众生笑）现在你可以离开座位，拿着练习本去找你的好朋友商量一下，这个问题到底该怎么解决。”

学生们纷纷离开座位去找自己的好朋友，三五成群地讨论。大概 3 分钟后，我说：“现在你知道该怎么解决这个问题了吗？（学生们点点头，高高地举起手来）哈哈哈，我想请刚开始不明白或者做得不对，现在明白了的同学来说。”

一位女生介绍道：“我开始是这样算的，6 × 2+0.9 ×（14–1）+0.3 ×（14+2）=28.5（米）。后来，和同学一交流，我发现我错了。计算脚长不用“+2”，因为 6 米已经包括脚长了。”

全班同学给予热烈的掌声。

我微笑看说：“掌声说明了一切，大家很欣赏你的做法！那正确的结果是多少？”

同学们异口同声地说："27.9 米。"

我欣喜地点头赞许："还有不同的意见吗？"很多学生举手，之前发言的女同学指定男生田博远站起来说。

田博远站了起来，很坚定地说："我觉得脚长应该'+2'。"

简直是平地起惊雷。刚刚那位女生才说了不能"+2"，怎么还会有这样一根筋的学生呢？同学们觉得奇怪，我也觉得匪夷所思。

但三十多年的"化错教育"经验，让我每次上课前都充满期待 ——"今天的课堂，会给我什么惊喜？"现在，惊喜来了。于是，我连忙示意大家静下心来，听他如何说。

班里安静了。我又等了一会儿，眼中充满了好奇，扬手示意田博远，"请继续 ——"

田博远认真地说道："请大家看线段图，6 米是不包括脚长的。"

我一看线段图，傻眼了。从图上看，6 米确实不包括脚长。我皱着眉头，暗道："怎么会这样呢？这不是我的本意啊！""工欲善其事，必先利其器。"课件中的每个细节，我都仔细核查过啊！

现在，明摆着是我画错了，怎么办？学生指出了教师未曾发觉的差错，怎么办？

闻过则喜！我十分感激地说："太难得了！我错了，我错了。下次，我会把下面的线段换个颜色。"下课后，我仔细看了看这节课的 PPT，这才发现，其实不是线段的颜色问题，而是我制作 PPT 时，把皮鞋的位置放低了 1 毫米。这样学生从图中看到了脚弓，似乎 6 米的起点是脚跟。

"在大家都认为答案是 27.9 米的时候，田博远能坚持自己的想法，而事实证明他的想法是有道理的。请大家用掌声向他表达我们的敬意！"全班鼓掌，有学生还把手举过头顶来鼓掌。

"现在，哪位知道方队的长度到底是多少？"听完我的问题，学生们高举小手。我请田博远继续回答。

“27.9 米。”

我追问道：“为什么？”

田博远说：“因为您说您错了！”

我笑出了眼泪，“对的，对的。哪位还有补充？”

同学们七嘴八舌地说：“因为题目中说‘旗手的脚尖距离将军的脚尖 6 米’。”

“太棒了！今天，田博远的答案提醒我们，审题需要咬文嚼字，画图更要精益求精。”我带头鼓掌，课堂上响起了热烈的掌声。

…………

太有意思了！我的课堂上，怎么老有“意外”呢？这个“意外”又告诉我什么呢？

第一，在课堂上，教师应对学生秉持“无错原则”。所谓“无错原则”，就是要善待在课堂上积极参与的学生，学生在课堂上犯的错都不是错，这个原则是李烈校长提出的。师生是相互成就的，我们是学生的老师，学生也是我们的“先生”。只有保持敬畏儿童的心态，我们才能创造出更美的“化错教育”故事。

第二，我们要明白，在课堂上，无论是老师还是学生都可能会犯错。不管是学生犯错，还是老师犯错，只要改正了，都是十分美妙的事情。若我们都能做到虚怀若谷，我们的世界就会鲜花怒放。

第三，我们犯错后，得多问几个为什么。我课前为什么没有发现这个差错？一向认真细致的我，为什么这一次就没有看出这 1 毫米的差错呢？我是画了图，但我根本不用看图去想算法。心中有，眼中才会有；心中无，那就会视而不见。道理就是这样。

犯错还因为我过于乐观。第一位女生已经说“计算脚长不用‘+2’，因为 6 米已经包括脚长了”，为什么田博远还坚持他的想法？如果我追问女生为什么说“6 米已经包括脚长了”，并让她说出依据——“因为题目中说‘旗手的脚尖距离将军的脚尖6米’”，那样，田博远是不是就不会坚持了？结论不是最重要的，理由和结论一致才最要紧。当我们乐观地以为学生都明白了的时候，请小心——有可能被打脸。

田博远错了吗？田博远没错。虽然图中的第一个6米可以看到脚弓，但第二个6米是看不到脚弓的。不过，孩子的思维往往就是“攻其一点，不及其余”，我们应该多从自身找原因。

这一毫米的故事，是不是也提示我们：既然是线段图，就不需要画得那么形象，六年级的学生可以看抽象一点儿的图形。

这一毫米的故事，是不是也提示我们反思：产生问题的主要原因是什么？田博远为什么会看不懂图？我想原因是从文字到图形的转换过程不是由学生自己完成的。尽管我在课堂上说图形要师生一起完成，但实际上对部分能力弱或听讲习惯差的学生来说，线段图是“空降之物”，学生只是被动的接收者。由此看来，教学活动要放慢一些，真正让学生边阅读，边理解，边画图。这样，“道而弗牵则和，强而弗抑则易，开而弗达则思。和易以思，可谓善喻矣”，学和教的图景就非常完美了。

这一毫米的故事彰显了学生细致观察和敢于质疑的品质，那么，这个差错是否要保留，等待下节课的学生再来发现呢？这确实是个好问题。教学之“错”，不论是谁的，只要对学生的成长有利，我们都可以留待学生去识别、发现。但这个错，我是不会保留的。虽然独立思考、敢于坚持、勇于批判，也是我们希望学生具备的品质，但是，画图是来帮助解题的，不是来添乱的，这幅图应当服从于这节课的目标——通过分享阅兵中的数学故事，感受到“心中有数，无限美好”。就因为我对这一毫米熟视无睹，心中无数，才导致这堂课晚下课三分钟。

有道是“细节成就完美”。现在，我要说，缺憾成就下一个完美！

第二辑

教育要给学生留下什么

教育要给学生留下什么

一、“您这不是打击我们成绩好的人吗？”

有十多年了，一个女孩儿的声音一直在我的脑海里回响：“您这不是打击我们成绩好的人吗？”她为什么这么说？事情还得从头说起。

2007 年 11 月 4 日上午，《人民教育》杂志社主办的“张兴华和他的弟子们”全国性研讨活动在江苏省南通师范学校第二附属小学举行。在简洁明快的开幕式之后，我登台上课，和五年级（4）班的学生一起认识“圆”。

由于行程过于匆忙，我上台后才发现，我忘记在课前给每个学生发放课上要用的 A4 纸了，也压根没有通知会务组准备。

我愣愣地站着，努力思考该怎么办。几秒钟后，我想到可以用学生的练习本代替，于是照常开始上课。

可是，当学生需要动笔做题时，我发现所有学生都没有带练习本。是巧合，也是考验。

我只能停下来，请南通师范学校第二附属小学的老师帮我去取 A4 纸。

我微笑并充满歉意地说：“同学们，实在对不起！今天我犯了个大错，就像一个战士上了战场后却发现自己——”学生们领会了我的意思，一起帮忙说：“忘了带枪。”

怎么打发这段时间呢？我请学生向来自全国各地的老师们介绍自己的学校、班级或自己。

一个学生说：“我们学校是一所历史悠久的百年老校，由人民教育家张謇先生创办。”

我竖起了大拇指：“佩服！一般人只会介绍眼前的事物，你却想到了遥远的过去，想到了学校的创办人。真心佩服！”

一个学生说：“我们学校有漂亮的情智楼、静心楼、童话楼、科技馆、体育馆……”

我点头表示赞许，说：“好，你把我们由遥远的过去拉回到眼前的现实。”

一个男生站起来说：“我叫思诚，今年11岁，生日是8月9日，星座是狮子座。我虽然成绩不算太好，但天天都过得很快乐。”

全场大笑，台上的同学们更是笑得前仰后合，听课的老师们也报以热烈的掌声。

我笑着问：“思诚，台下的老师们为什么给你这么热烈的掌声？”

一个学生抢着说：“诚实。”我说：“还有吗？”另一个学生笑着说：“不怕出丑。”全场师生笑得更开心了。我接过话头：“思诚，听了你的介绍，我想到爱迪生上小学时成绩也不好，爱因斯坦上小学和中学时，成绩也不好。”

一个女生憋不住了，不高兴地说：“您这不是打击我们成绩好的人吗？”

全场师生再次大笑并报以掌声。

我笑着问那个女生：“你怎么就说我打击你了呢？”

女生说：“您说爱迪生、爱因斯坦这些名人上学时成绩都不好，是否意味着成绩好的人就没有前途呢？”

大家笑得更开心了，掌声更响了。

A4 纸已经被发到学生手上，师父张兴华做了一个“打住”的手势，我只好收住继续探讨的兴致，说：“有意思，有意思！没想到短短的插曲，让我感受到了大家敢于独立思考、质疑老师的精神。佩服，佩服！”我竖起大拇指，望着那个女生，点了点头。“现在 A4 纸已经有了，我们先上课，好吗？”

…………

继续上课后，我仍在纠结，想着该怎么回应那位女生。

在解决怎么不用圆规画一个大圆的问题时，那位“成绩不算太好”的思诚说：“我觉得可以先确定圆心，画一个很小的圆，然后一米一米地扩大，一直扩大到比较合适的地方，然后再用油漆把它画下来就好了。”

我情不自禁地夸奖道：“我想你将来会像爱迪生那样去创造！大家看，他多棒！我教书这么多年，还没见过哪个学生像他这样想到先画个小圆，然后一段一段往外扩大的。真是佩服！来，给他掌声！”

全班同学开心地笑了，和听课的老师一起报以热烈的掌声。

我继续说：“这件事让我想到一句话，‘人皆可以为尧舜’，这句话的意思是，每个人都可以做得很棒。当然，原来成绩好的，可能做得更棒！”

听课的老师们会心地笑了。不少学生也明白了我的意思，回头看了看那位女生。

我很高兴，灿烂地微笑。

二、教育是语言的艺术

下课后，我反复回味这堂课。首先，我为听课老师夸奖自己“大气、从容而智慧的应对”而窃喜；其次，我为自己当时拘泥于板书设计，没有板书“人皆可以为尧舜”而遗憾；最后，我为自己当时没有组织好语言去回应那个女生而后悔。

晚上，躺在床上，我问自己：“如果当时师父不让我‘打住’，如果后面不是有贲友林等老师的课，而是有一定的时间，我该怎么接住学生抛过来的球？台下的老师们为什么会给思诚那么热烈的掌声？如果思诚没有想出画大圆的方法，我没有机会说出‘人皆可以为尧舜’那句话，我是否要在课下再与他交流？那个女生为什么要质疑我？我有哪些地方做得不恰当？”仔细思考后，我觉得自己的话确实说得不好。如果当时我说“成绩优秀固然可喜可贺，但成绩不佳并不一定就前景黯淡”，我想那个女生是不会再质疑我的。

教育是语言的艺术，那个女生是在教我这个当老师的该怎么说话。

这或许就是教育中的反哺。不是有报纸载文称现在已到了“后喻文化”时代了吗？在现代师生关系中，我们比以往更需提倡“教学相长”，可又更难以达到“教学相长”的境界。教师往往是后进生。文化人类学家泰勒、儿童教育家蒙台梭利都曾在他们的著述中赞成或推崇过“儿童是成人之父”的观点。看来，我们真得多向孩子学习，和孩子一同学习。

“人皆可以为尧舜”，能者为师，无论是思诚还是那个女生，我们都需要平等对待。

学生不是教师的对手，而是和教师一起缔造新生活的伙伴。下次我一定提醒自己，要向对自己说“不”的学生敬礼。

如此想来，我该这样应对：“我诚恳地接受你的批评！（鞠躬）我没有那个意思，我的意思是成绩优秀固然可喜可贺，但成绩不佳并不一定就前景黯淡。我十分敬佩你质疑老师的勇气！”

三、教育为何？教育何为？

思诚画大圆的方法确实是创造，而那位成绩好的女生却没有提出自己的想法。那么问题来了：成绩优秀的学生不一定能成才，成绩不佳的学生却有可能成才，那成才的关键是什么？

为了回答这个问题，我查阅了《拿破仑·希尔成功学全书》。希尔经过数十年的研究，归纳出了最有价值、带有规律性的 18 条成功定律，具体如下：（1）心态乐观。（2）目标明确。（3）积极主动。（4）直面挫折。（5）不断进取。（6）充满激情。（7）相信自己。（8）学会带队。（9）完善个性。（10）控制自己。（11）注重时效。（12）懂得理财。（13）身心健康。（14）协作共赢。（15）敢于想象。（16）专心专一。（17）敢于创新。（18）改良习惯。

这 18 条定律涵盖了人要想取得成功所需的所有主观因素，这些主观因素主要与一个人的心态、思维方式和行为习惯有关，没有一条与学习成绩有关。

现在，我们可以理解为什么许多成绩优秀的学生毕业后没有成功，而许多成绩不佳的学生毕业后却能够成才。成绩优秀的学生往往特别想赢怕输，包容性差，不会合作；而成绩不佳的学生往往心理素质较好，心态平和，能够很好地认识自己，耐挫折能力强。

2008 年 8 月 6 日，我打电话给千里之外的思诚，问他在做什么。他说：“准备去补课。”我接着问：“放假了，怎么还要补课呢？”他轻声笑了一下，说：“应该补补，成绩不好嘛！”听到这里，我想起前不久看到的一篇文章《12 星座不为人知的一面》，文中说：“有时狮子座的人会装作一副没事人的样子，其实他是在装傻，很多事情他都看在眼里。所有事情他都很清楚，可是他并不会介入其中。狮子座的人非常聪明，他最怕遇到各种不必要的麻烦。”有关星座的学问，我并不全信，但思诚是个能证实这段话的个例。他的那种坦然面对、欣然接受、积极应对的心态，是多么难能可贵！这不正是成功者必备的心理素质吗？

当我提到他具有创造性的画大圆的方法时，他说：“这不算什么，现在想想，我还觉得很幼稚。”我的眼前出现了一个画面：在海滩边，一个小孩毫不犹豫地把自己刚垒起来的城堡一下子推倒了。小孩是幸福的，我相信思诚会有更大的创造。

什么是教育？成全人的教育该做的和能做的又是什么？爱因斯坦的回答是，“把在学校所学的东西都忘了，剩下的就是教育”。剩下的东西中没有成绩，那会有什么呢？应该有心态，有思维方式，有行为习惯，也就是希尔总结的那 18 条吧。那么，我们在设计教学和实施教学时是否就该想一想、问一问：除了知识，我们还能给学生留下什么？

2008 年 8 月 12 日，我再次打电话给那位质疑我的女孩儿。（2008 年 8 月 6 日我给她打过电话，没打通。）我问：“记得我吗？”她说：“记得，但上的什么课已经不记得了。我只记得那次上课，我不礼貌地突然冒出了一句‘您这不是打击我们成绩好的人吗？’我没有举手，是坐在座位上说的。我还记得您说‘人皆可以为尧舜’。”

现在想来，我们的教学要获得成功，是否应该有一个明确的目标？我们不仅要传授知识，更要启迪智慧，点化生命。我们是不是应该让学生尽早地认识到，无论成绩高低都能取得成功，不要只盯着考试成绩？我想，不管是对成绩优秀者还是对成绩不佳者，这都是一种价值引导。

那么，既然无论成绩高低都能取得成功，那学生为什么还要苦学？苦学就像是一种儿童游戏，从表面上看，学生努力学习是为了考出好成绩，实际上，学生努力学习是为了达成一个游戏目标，增加人生历练，积淀不懈拼搏的精神元素。

人的成长主要是精神和灵魂的发育、成熟和提升的过程。我们教师能做的就是播种太阳，让教室里的每个角落都变得温暖又明亮，用阳光温暖学生的心，“让迷失的孩子找到来时的路”，让每一个学生都看到希望。

感谢那个女孩儿，是她让我有了这番思考的乐趣。

感谢我自己，因为我“纠缠”于她的质疑，才有了许多崭新的发现。

我相信，教育的伟力

腰，又一次不给力，让我没能坚持到课程结束。我只能躺在高铁商务座上，恋恋不舍地离开河南教师成长学院。

2019 年 7 月 26 日早晨，我收到河南教师成长学院“应龙班”学员王玉茹凌晨 1:12 发来的微信——

> 华老师，昨天晚上神秘大奖的颁奖嘉宾竟然是我们的舟舟同学！真想让您到现场看一看舟舟同学神采飞扬的样子。她昂首挺胸，面带微笑，面对主持人递过来的话筒毫不胆怯！这跟我们第一次见到的舟舟简直判若两人！我跟我的小伙伴讲舟舟的故事，她简直不敢相信，因为站在舞台中央的这个女孩儿浑身散发着自信的光芒！您用一节课打开了一个女孩儿的人生，也让我再一次真正体会到了您所说的：“我不是在教数学，我是用数学教学生！”

啊，是吗？这份精彩，我竟然错过了！

朱光潜先生说，一部好的作品，是作者和读者共同创造的。能遇上这样的“读者”，我这“作者”何其荣幸！

我执教的是《我不是笨小孩》一课：“徒弟问：‘师父，您多大年纪了？’师父说：‘我在你这年纪时，你 5 岁；但你到我这年纪时，我就 71 岁了。’请问：徒弟几岁？师父几岁？”

我说：“假设徒弟现在 22 岁，师父现在 42 岁。请问师父在徒弟这么大的时候，徒弟多少岁？”学生异口同声地回答：“5 岁。”我默不作声，做思考状。许多学生抢着说：“2 岁，2 岁。”我并不肯定，问：“到底几岁？”学生异口同声地回答：“2 岁。”我笑了：“谁来说一说，为什么是 2 岁？”

没有人举手。我看到舟舟的眼睛亮了一下，于是示意她来回答，哪知道她站起来后竟一言不发。

听过我课的朋友都知道，这样的时刻，我喜欢说“你不说，我能等”。可是，我等了，舟舟也不说。又等了一会儿，我抱歉地笑了笑，说：“抱歉，抱歉！谁来帮舟舟说？”同学说得很清楚。

我接着问：“当徒弟长到师父这么大的时候，师父多少岁？”有学生说“71 岁”，也有学生说“62 岁”。我追问：“到底多少岁？”学生们异口同声地说：“62 岁。”舟舟的眼睛是闪亮闪亮的。我说：“这次谁能说说自己是怎么想的？舟舟——”舟舟站了起来，停顿了大概 5 秒钟，说：“42+20。”真是惜字如金啊！我夸奖道：“不鸣则已，一鸣惊人，掌声鼓励！”同学们的掌声很响亮。舟舟笑了，她的笑很美，有些蒙娜丽莎的味道。我加了一句：“能说说为什么是 42+20 吗？”她不肯说。我只好再组织同桌之间说一说。同桌们说得挺欢，舟舟也和同桌说了。可是，当我再次请舟舟说给大家听时，她还是不说。我尴尬地笑了笑，说：“我错了，我错了。”

课尾，我请大家推选这节课进步最大的同学来做“护书使者”。有同学推荐舟舟，我追问“为什么”。同学说：“舟舟课上从来没有站起来说过一句话，今天她不仅说话了，而且还说对了。还有这道难题，她也做对了。”最后，全班举手表决，舟舟得票最多。

舟舟喜笑颜开地从我手中接过书，问我：“怎么送啊？”这下轮到我语塞了。我没想到舟舟会问我，更没想到她会问我这个问题。课前我了解了校长的名字，但并不认识校长，也不知道校长在不在现场。我正犹豫，站在舟舟身后的陆学芳校长主动接过舟舟手上的书，连连称赞道："太棒了，太棒了！"原来，陆校长就坐在舟舟旁边听课，她目睹了一切。

"护书使者"？为什么是"护书使者"呢？

2018 年 2 月，中国人民大学出版社出版了我的书《我不只是数学》。4 月，我去上海市光启小学讲学，校长曹庆明是我的老朋友。于是，我想把书赠送给曹校长。不巧，曹校长要参加一个重要的会议，不能请假。那书怎么转交呢？请听课老师转交，还是请听课学生转交？送书能不能成为教育契机呢？这些问题，在上课之前我并没有考虑好。

那天，我执教的是《我不是笨小孩》。课上，承昊同学的表现非常优异，我当即决定请他做"护书使者"，课上的效果非常好。

课后，我觉得这个奖励很有意义，不管校长在不在，以后都可以如法炮制。

2018 年 4 月 21 日，我去山东省莱芜市讲课。晚上，我想到"工作再忙也要读书，收入再少也要买书，住处再挤也要藏书，交情再浅也要送书"的箴言，于是，我继续思考怎样让"护书使者"发挥更大的教育作用，怎样把这个环节做得更好。

我在便笺纸上记录下自己的思考。我和工作室的伙伴们在微信上仔细讨论，之后便有了如下的设计——

课前聊天，我说："今天，我带了本自己的新书，想要送给我们的校长。（投影亲笔签名的书）我不想直接送，想请今天课上表现最棒的同学来做'护书使者'。这个机会太难得了，谁愿意做呢？”学生们纷纷举手。

我问：“怎样才算表现最棒呢？”学生说：“坐得端正”“举手积极”“回答正确”……

接着我说：“是反应最快的？”会有学生点头，也会有学生摇头。我说：“是，也不是。那，是方法最巧的？”会有学生点头，也会有学生摇头。我说：“是，也不是。那，是表达最好的？”学生会笑着说：“是，也不是。”

我微笑着，继续自说自话：“那，究竟怎样才算表现最棒呢？我想，如果我们定一个标准——进步最大的人表现最棒，那是不是每个同学都有机会？”

上课时，学生的士气都被调动起来。

课尾，我再组织全班同学讨论并推举“护书使者”，是回顾，是总结，是放大，是成全，是圆满。

显而易见，我制定这样的标准，是为传统意义上的后进生提供舞台。他们的进步空间最大，并且，他们的一点点进步通常都会被同学们无意间放大。这和我确定课题“我不是笨小孩”时的初心是一致的。（参见 2019 年第 5 期《小学数学教师》上的《等着，就好》一文。）

那，是不是我的心中只有“笨小孩”，没有传统意义上的优秀生呢？不是，不是。有一次，课马上要结束时，同学推举一名优秀生做“护书使者”，我请一位同学陈述理由。她说：“他原来课上总是抢着说，今天他为了让我们自己想出来，一直憋着不说！”最后，全班同学都同意推举这名优秀生做“护书使者”。

这一次，为什么是舟舟？用心关注弱势学生，是我的教学习惯。看到舟舟的第一眼，我就开始思考她怎么没有戴红领巾。三番五次地请舟舟回答问题，是因为我满怀期待，是因为我相信教育的伟力，是因为我相信铁树会开花。唯教师有教的耐心，学生才会有学的信心。

我就是数学

1992年暑假，我作为一名乡村教师，参加了江苏省南通市海安县（现为海安市）教育局组织的教育教学能力考核，获得了第一名的好成绩。我喜滋滋地到教育局人事股取证书时，人事股股长陈祥斌老师的一句话，让我的心情很是不爽。他说："华应龙，你怎么什么比赛都参加？"

提着一大口袋的证书（大概有三十多本），我反复地问自己："你怎么什么比赛都参加？"走在回家的路上，我十分感激陈祥斌股长让我醍醐灌顶的一问。

后来，我看到诺贝尔奖获得者杨振宁先生的故事后，才彻底想明白了。

1949年夏天，杨振宁在美国普林斯顿高等学术研究所担任研究员时，偶然在报纸上发现有家公司正在举办填字竞赛，胜利者可以得到5万美元的奖金。

经过4天3夜的反复琢磨，杨振宁和他的伙伴终于填写完所有答案。他们只要再赢得一次测试，就能得到巨额奖金。

杨振宁把自己关在图书馆里，昼夜不停地查字典，直到第三天清晨被困乏折磨得再也坚持不住，这才想起要回宿舍睡上一觉。

在宿舍门口，杨振宁顺手买了一份《纽约时报》，看到头版醒目地刊登着“日本汤川秀树获得诺贝尔物理学奖”的标题。他意识到自己近期的所作所为实在错得离谱，下定决心再也不能偏离正确的人生轨道，被那些微不足道的利益蒙蔽。于是，他撕碎了这几天整理出来的所有词语记录。

此后，杨振宁先生执着地走上了科学研究的寂寞之路。

哦，我想明白了——

我“怎么什么比赛都参加”？因为我特别想彰显自己的重要性，改变自己的生存环境；我“怎么什么比赛都参加”？因为我都想得，不肯舍；我“怎么什么比赛都参加”？因为获奖后的虚荣可以让我感到满足。《广州日报》曾刊登过一则新闻。广东省肇庆市一名五旬教师，在17年间散尽家财，购买“共和国之星”等各种证书两百多个。现在想想，当年的我应该比广东的那位老师更厉害。因为他为证书花的是家财，而我为证书耗的是自己的生命。

教师平时的工作本来已经十分辛劳。我们不妨抽空停下来，叩问自己的心灵，弄清楚自己到底想要什么，反思自己到底在干什么。我们老师总喜欢说：“我工作很忙，没有时间思考。”这句话，我愿意反过来说，与朋友们共勉——“因为我们没有思考，所以工作很忙。”

现在，如果有朋友问我：“你喜欢什么？”我会回答：“我就是数学。”为了和数学约会，我喜欢上了做数学题，看有关数学的专业图书。学生爱看的书，我也要看一看。“中国科普名家名作·趣味数学专辑”系列图书出一本，我买一本。张景中院士的《数学与哲学——张景中院士献给数学爱好者的礼物》都已经被我翻烂了，我用不同颜色的笔在书上反复批注。对我来说，优秀教师写的数学教学专著也极为珍贵。当年我在江苏农村做老师时，就邮购了李烈校长的《我教小学数学》。

现在，如果有朋友问我："你能做什么？"我会回答："我就是数学。"虽然刚刚工作时，我教了3年体育，教得还不赖，但我同时教的数学更是教得风生水起。虽然我做过主管一个乡镇所有中学、小学、幼儿园及成人教育的行政人员，且做得有声有色，《江苏教育报》还曾专门报道过，但我还是决定到乡村小学执教一个班的数学课。虽然我曾有机会调到政府机关坐办公室，但我还是因为舍不得离开数学课堂，谢绝了领导的好意。

现在，如果有朋友问我："站在讲台上时，你是谁？"我会回答："我就是数学。"在校园里，多数学生叫我"华校长"，偶尔会有学生叫我"华应龙"，时常有调皮的学生叫我"华罗庚"。学生叫我"华罗庚"，我喜欢。我在《人民教育》上发表过一篇题为"学生叫我'华罗庚'"的小文章。我在这篇文章中提出，教师就是他所教学科的代言人。

"我就是数学"乃是我作为数学教师对专业素养的自我期许和终生追求。

周国平说："我不想知道你有什么，只想知道你在寻找什么，你就是你所寻找的东西。"我在寻找数学，因此，我就是我所寻找的数学了。

所以，我在2009年出版教育随笔集的时候，将书名定为《我就是数学——华应龙教育随笔》。

错若化开，成长自来

人生自古谁无“错”？那么，面对学习过程中难以避免的一个个差错，我们该怎么做呢？我有三句话——“错得好”“多飞一会儿”“拾起来”。

一、“错得好”

这是我在教学时的口头禅。每次黑板上出现了错题，我都会指着黑板说：“现在我们来欣赏——”全班同学都会异口同声地说：“错得好！”我会接着问：“好在哪儿呢？”

有时差错只与正确答案相差一点儿。只差一点儿，就对了；再想一步，就好了。有时差错中包含了很多对的因素。成功人士的特别之处，常常就是能从差错中看见正确的方向。

尽量少犯差错，这是做人的准则；从来不犯差错，那是不能实现的妄想。有一次考试，交卷时间到了，一位同学摁着试卷不让老师收。他几乎是哭着说：“我不能错一道题！”但谁能保证自己不错一道题啊？

英国有的学校专门设有“失败周”，在这一周内，学校会让学生做极难的试卷，得极低的分数。学校为什么要这么做？这些学校认为，这样做“可以让学生们摆脱因为优秀而产生的优越感，可以让学生们知道，无论谁犯错都是可以接受的”。

犯错是每一个孩子的权利，也是每个孩子在成长的过程中必须要经历的。我们来到这个世界后，就一直在犯错。在差错中，我们学会了走路；在差错中，我们学会了说话；在差错中，我们学会了用稚嫩的小手写字画画……伴随一个又一个差错，我们一步步成长。

差错能让我们看到出现的问题，差错能让我们明确学习的任务，差错能让我们找到前进的方向，差错能让我们寻觅新的可能性，差错能帮助我们养成凡事往好处想的思维习惯，差错能帮助我们锤炼百折不挠的品格。

一个人越优秀，他犯的错误往往就越多，因为他会努力尝试更多的新东西。所以，不管是对学生、对同事还是对自己，我们都应该有“错得好”的心态。

二、“多飞一会儿”

列宁说：“只要再多走一小步，看来像是朝同一方向走了一小步，真理就会变成错误。”那么，我们也可以说：“差错向前一步，也许就是正确的结果。”恩格斯说：“最好的学习是从差错中学习。”怎么从差错中学习呢？我想，我们可以让我们的思维在差错中多飞一会儿。

任何事情都有两面性，我们要学会用智慧找到藏在坏事背后的好事。人们通常只喜欢盯着结果看，而不肯回顾过程。错了就扔在一边，不去想它了。其实，真正有价值的东西，不是一下子就能看见的。我们要肯动脑筋，多想一会儿。

古人说："过而能改，善莫大焉。"这句话是什么意思？就是说，没有比犯了错误后，能够认识并改正错误更美好的事情了。

差错提醒我们静下心来思考：问题出在哪里？为什么会错？会不会有什么新的可能？我们还可以思考哪些新问题？我们带着好奇心去咀嚼、品味差错时，就会品尝到差错中的滋味。

例如，1000÷20+1000÷5 该怎么做？四年级的学生学习了乘法分配律，常常做成 1000÷（20+5）=1000÷25=40。错了。但只有喜欢思考的学生才会这么做。它和 1000×20+1000×5 的结构不是一样的吗？不应该这么做吗？其实，这是非常大胆的联想、迁移和创造。这个差错提出了一系列非常好的问题：除法到底有没有分配律？什么时候有？什么时候没有？为什么乘法有分配律？学生若真能像这样多思考一会儿，就能把乘法分配律理解得更透彻了。

面对差错，如果我们不肯让思维"多飞一会儿"，那就像进入宝山却空手返回一样，太可惜了！

三、"拾起来"

伟大的教育家孔子认为，判断一个人好学有两个标准：不迁怒，不贰过。"不贰过"是什么意思？不在自己摔过跟头的地方再摔一次跟头。怎样才能"不贰过"呢？第一，"壹过"的时候，就要弄明白"过"究竟在哪里，自己为什么会有这"壹过"。第二，要把这个"过"像宝贝一样拾起来并把它"带回去"，"留得残荷听雨声"。

在海滩边，我们总喜欢拾起贝壳，那是为了听大海的声音。我们把差错拾起来，是为了重温美妙思维的声音。我们可以引导学生专门用一个本子记下犯过的差错，一个星期或一个月之后，再拿出来回味回味，反思是否做到了“不贰过”。如果“贰过”了，就说明“壹过”时，并没有找到真正的毛病。

“错得好”“多飞一会儿”“拾起来”—— 坚持这样做下去，我们就会发出“错若化开，成长自来”的感慨。

从故事中认识我自己

在这金秋时节，学校组织以“我的成长故事”为主题的演讲，作为主管教学和人事的副校长，作为年过半百的特级教师，我理应响应学校的号召，讲讲我的成长故事，以期引起年轻教师们的思考和精进，同时促进我自己的成熟和圆满。我演讲的题目是“从故事中认识我自己”。

大家都知道，希腊的戴尔菲神殿上刻有“认识你自己”几个字。法国思想家蒙田说过：“世界上最重要的事情就是认识自我。”那么，认识自我都包括哪些内容呢？我想，认识自我就要解决“我是谁”“我从哪里来”“我要到哪里去”这几个问题。

1984 年我成了一名乡村教师，并且一干就十多年。当年发表文章时，我是这样写我的单位的 —— 江苏省南通市海安县墩头镇海舍村小学。

1993 年 8 月，我担任江苏省南通市海安县墩头镇教委办公室主任，这是主管全镇中学、小学、幼儿园和成人教育的“一把手”。那年我 27 岁，是当时整个江苏省最年轻的乡镇教委办公室主任。我把教委办公室的管理工作做得风生水起，《江苏教育报》曾对我做过专门的报道，我还记得报道的题目是《遨游教海的一条龙》。

1995 年 11 月 28 日，不到 30 岁的我被调到江苏省南通市海安县实验小学任副校长，其他三位校长都有五十多岁了。

1996 年 3 月 28 日，江苏省教育厅的几位领导来到海安县，一边考察调研，一边协商调我去南京。时任海安县教育局局长吴瑞祥非常爽快：“行，我们县里还没有哪位老师能调到省教育厅工作，我们放！”他并没有说需要研究研究。我遇上的都是好领导。

当省教育厅主管人事的领导与我见面时，我才知道只能调我一人，我的夫人不能一起调。我问领导：“我夫人什么时候可以调到南京？”领导说：“小华，你放心，我们一定帮你解决！”“大概什么时候呢？”“这不太好说。”

最后，我没有去南京，既有主观原因，也有客观原因。

主观原因是，我不想离开课堂。坐在办公室里处理文字，不是我的强项。我读师范时，作文只被老师表扬过一次：“华应龙写老母鸡回窝的细节写得挺好！”但给我一个班，五分钟后，我便能做到师生一见如故，其乐融融。这是我的强项。

认识自己的强项和弱项真的很重要。只有认清自己的强项和弱项，才可能获得人生的幸福。

学生叫我“华老师”时的灿烂笑容常常把我融化。清晨，我走在操场上，四楼上的学生趴在窗户边挥着手说：“华校长好！”我真不知道还有什么比这更幸福的事情！

我没有去南京，客观原因是我的夫人不能同去，而我是不能离开夫人的，我的生活自理能力特别差。

一个农村孩子，怎么可能生活自理能力特别差？

不信？让我讲个故事——

我的夫人是和我一起调到北京第二实验小学的。调到第二实验小学之后，暑假里的一个早晨，她要去学校值班。

“老公，早饭做好了，你自己盛着吃。我去值班了。”

正在书房看书的我回答道：“谢谢，放心吧！”

傍晚，夫人下班回家，打开锅一看，发现我没吃饭。

“你怎么没吃啊？”

“锅盖没打开。”

电压力锅的锅盖把我难住了。我转来转去，按来按去，就是打不开。

“把气放了，才能打开呢！”

我不知道要放气，也不知道从哪儿放气，更不知道怎么把气放了，因此，我就放弃了。

读师范的时候，我物理学得特别好，乃至有的女同学怀疑我和物理老师有着某种“共振”。物理老师一提问，我就举手，每次回答都是正确的。毕业考试时，我的物理成绩是 100 分。不是因为题目容易，全校就我一个人得了 100 分。但我却打不开电压力锅的锅盖。

我的长项是动脑，弱项是动手。2012 年，叶澜教授曾用一组排比句夸我，我最喜欢的一句是——“华应龙是个喜欢思考的人”。

时间之河川流不息，每一个青年都会有自己的际遇和机缘，都会去谋划人生。当我们面临选择时，首先要考虑的是自身的强项和弱项分别是什么，自己究竟要到哪里去……

回头看，是为了更好地向前走。只有记住过往，吸取教训，才能更好地走向未来。

为了更好地教育学生，陪伴学生成长，我们需要每日三省吾身，我们需要认识自己、定位自己，我们需要成长自己、超越自己。让我们手拉手，一起向前走……

请别太相信你的眼睛

国庆长假我回老家参加座谈会。吃自助早餐时，同行的陈主任看到我的盘子里只有两样素菜，两块点心，一只鸡蛋，一碗小米粥。他十分惊讶，说："华校长，您吃得这么少啊！"我摇摇头："不是，不是，我还会再取的。还有第二盘、第三盘……"

是李烈校长教我要像这样子吃自助餐的。这样吃既文雅，又可以早早地回到座位上。

别人这样惊讶地询问，也不是第一次了。

忽然，我想到一句话："请别太相信你的眼睛！"这句话的意思是，眼睛看到的不一定是真相。

《吕氏春秋》中有这样一个故事。

孔子在陈国和蔡国之间的地方受困，饭菜全无，七天没吃上米饭了。白天孔子睡觉时，颜回去讨米，讨回来后煮饭。饭快要熟时，孔子看见颜回用手抓锅里的饭吃。

过了一会儿，颜回请孔子吃饭。孔子假装没看见颜回抓饭吃的事情。孔子对颜回说："刚刚我梦见我的先人，我自己先吃干净的饭，然后才给他们吃。"颜回回答道："不是那样的，刚刚炭灰飘进了锅里，弄脏了米饭，我不敢浪费，就抓着吃了。"

孔子叹息说："按说人应该相信自己看见的东西，但是看见的东西并不一定可信；人应该相信自己的心，但自己的心有时也不可以相信。你们记住，要了解一个人不容易啊。”

我们凡夫俗子都长着一双肉眼，并不是孙悟空的火眼金睛，当我们笃信“耳听为虚，眼见为实”时，常常会被眼睛欺骗。

在一次教研活动中，我观摩了《可能性大小》一课。课上，执教老师组织学生摸布袋中的球，再根据摸出红球和白球的次数来推断布袋中红球和白球的个数。这个设计很好地体现了数据分析的观念。

在学生实验阶段，我一扭头，和执教老师同时看到一个男生在有些慌乱地收紧布袋的袋口。

在汇报阶段，执教老师让那个男生回答布袋中球的个数，他回答说：“有 4 个白球，1 个红球。”

老师追问：“你是怎么知道的？你看了吗？”

男生回答说：“我想看，但没看到。”

“那你怎么知道的？”

“我是摸出来的。”

老师顿了顿，语重心长地说：“孩子，诚实最重要！”

男生能听出老师的话外音吗？下课后，我紧追几步，问那个男生：“我很好奇，你是怎么摸出来的？”男生大概感受到了我的真诚，耐心地说：“我摸了 10 次，有 8 次是白球，2 次是红球。我在口袋外面一摸，原来袋子里一共有 5 个球。我就想，10=8+2，5=4+1。所以，我说有 4 个白球，1 个红球。”他的做法完全符合规则，想得合情合理，表达得清清楚楚，我直竖大拇指。

我又问：“课上你说想看但没看到，是什么意思？”男生的脸有些红了，他说：“我想打开看看的，看我猜得对不对。我还没看到，就想起老师说不让看，就收起来了。”

一边实验，一边猜测，得出结论后还想验证，多棒的学生啊！

他急切地想一看究竟，但他回想起了老师的要求，控制住了自己，多可爱的学生啊！这是宝贵的教育资源，可遇不可求。如果老师能让学生在课堂上呈现这个思想斗争的过程，该是多么美妙的教育景致啊！老师因为心不在学生身上，只相信自己的眼睛，最终与这份美好失之交臂，实在太遗憾了。

执教老师似乎不该说“孩子，诚实最重要”这句话。不说不是因为忘记了“教书育人”的天职，而是因为相信“我没有调查，我就没有发言权”。若让我选择是相信自己的眼睛还是相信自己的学生，我会选择相信自己的学生。

“请别太相信你的眼睛！”这句话不仅应该刻在教育者的心里，更应该挂在我们的嘴边。这句话不仅在处理学生纠纷时适用，在教学过程中同样适用。

《三角形三边关系》这节课的教学难点是两边之和等于第三边时根本不可能围成三角形，但学生却认为能围成三角形。怎么办？

第一次，我给学生三根小棒让他们来探究。第二次，我想到给学生两根小棒，让学生剪成三根，这样“两边的和”就是一个整体了。为了方便剪开，我发吸管给学生。第三次，我考虑到即使让学生用很细的吸管操作，其粗度还是会带来一些干扰。于是，我反其道而行，把粗吸管发给学生研究。后来，我又想到给学生普普通通的纸条。学生需要忽视其宽度，重视其长度，把它“想成”只有长度的线段。这就有了数学的味道。

但在实际教学中，部分学生还是认为两边之和等于第三边时是能够围成三角形的。怎么办呢？

师：举手表决吧，认为两边之和等于第三边时能够围成三角形的有几个人？（2人举手）认为不能的有几个人？

（大多数学生举手）弃权的有几个人？（2人举手）

师：哦，不行，不行，科学问题是不能按照“少数服从多数”决定的。

（学生们瞪大了眼睛看着我，眼睛里写着五个字：“那怎么办呢？”）

师：让我想想怎么才能说清楚。

（做思考状，学生们微笑）

师：同学们，学数学，请别太相信你的眼睛。

（好多学生惊讶地说：“啊——”）

师：（出示刘谦变魔术的图片）看过刘谦变魔术吗？眼睛告诉我们，那都是真的，但事实上并非如此。现在请你闭上双眼，睁开“第三只眼”。“第三只眼”在哪儿呢？

（有学生指脑袋，有学生指眉心，有学生指心脏）

师：（指了指眉心）想一想，如果两根纸条是一样长的，把其中的一根一刀斩断，然后把斩断的纸条的一端分别与那根完整的纸条接在一起，往下压一点儿，再压一点儿，最后会怎么样？

生：平行了。

师：或者是——

生：完全重合了。

（教师用ppt演示学生的思考过程。在教师演示时，学生发现两根纸条总是差一点点，围不成三角形。当所有点都准确地连在一起的时候，两条线就平行了）

师：当两边之和等于第三边的时候，还能不能围成三角形了？

生：不能，因为三角形的任意两边之和大于第三边。

（课件出示：从家到学校哪条路最短呢？）

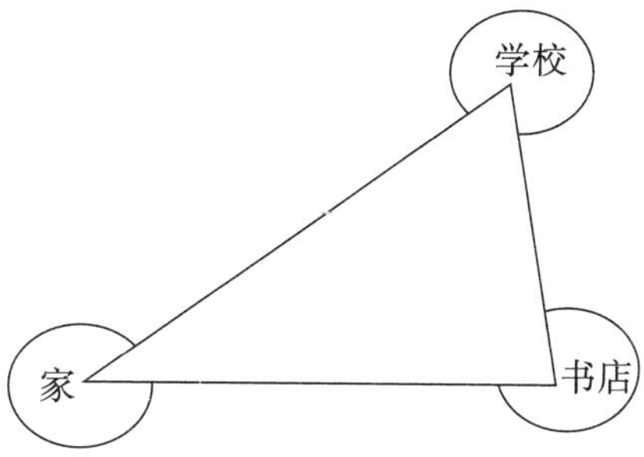

（学生纷纷表示从家直接到学校距离最短，因为两点之间直线段最短）

师：这样看的话，"三角形的任意两边之和大于第三边"和我们以前学的"两点之间直线段最短"是一致的。如果两边之和等于第三边还能够围成三角形的话，这两个结论就互相矛盾了。

（学生十分信服地频频点头）

史宁中教授曾说："凡是现实的都不是数学的。"数学是抽象的，学习数学需要想象。要想象，就要用上我们的"第三只眼"。

"第三只眼"在哪里？

孟子说："耳目之官不思，而蔽于物。物交物，则引之而已矣。心之官则思，思则得之，不思则不得也。此天之所与我者。先立乎其大者，则其小者弗能夺也。此为大人而已矣。"

古人以为，心是有思维的器官，可以思考，可以作出判断。孟子告诉我们，只要"先立乎其大者"（把心树立起来了），"则其小者弗能夺也"（其他次要的部分，比如耳目等感官，就不会被外物所夺，所蒙蔽）。

在同一个时间段，老师的眼睛不可能既看着前排的甲学生，又看着后排的乙学生。要全程观察每一个学生做实验，几乎不可能。但重要的东西常常不是用眼睛去看的。教师先立“心”，则耳目不会“蔽于物”。这个“心”就是“童心”“赤子之心”，就是“应无所住，而生其心”（《金刚经》语）的心。

“请别太相信你的眼睛！”请不要轻易用自己的“亲眼所见”来为一个人、一件事下结论。生活如此，教育亦然。

师者若水

老子说："上善若水。"

四十多年的所见所闻、所做所悟让我体味到：师者若水。

师者若水，宽容博爱。老子曰："水善利万物而不争"。刘禹锡说："水不在深，有龙则灵。"我则认为，师不在名，有爱则灵。师者应有博爱的胸怀，容纳一切学生，容纳学生的一切。

师者若水，和顺温柔。泰戈尔说："不是槌的打击，乃是水的载歌载舞，使鹅卵石臻于完美。"抽刀断水水更流，师者至柔为上，"温温恭人"。

师者若水，水滴石穿。李白吟："君不见，黄河之水天上来，奔流到海不复回。"学生犯 100 次错，教师做 101 次转化工作，才可能把懵懂无知的学生培育成才。

师者若水，随物赋形。古人云："圆必旋，方必折，塞必止，决必流。"水无定形，教无定法，因材施教，因地制宜。

师者若水，抓准时机。老子道："动善时"。水遇热变成水蒸气，遇冷结冰，遇风起浪，遇水相融。课堂教学亦当因时而变，"行到水穷处，坐看云起时。"

师者若水，灵活自在。孔子说："知者乐水，仁者乐山"。水有时细腻，有时粗犷，有时妩媚，有时奔放。师者知性，灵动清明，受人爱戴。

师者若水，公正无私。孔子说水"至量必平，似正"。器歪水不歪，物斜水不斜。水"不戚戚于贫贱，不汲汲于富贵"。师者不跪着教书，心中只有一泓清泉。

师者若水，心如止水。庄子说：“人莫鉴于流水而鉴于止水”。静水流深，波澜不兴。师者淡泊名利，志存高远。

师者若水，可载舟亦可覆舟。庄子说：“水之积也不厚，则其负大舟也无力。”海纳百川，有容乃大。师者自强不息，厚德载物。

我以为，水最值得我们教师学习的地方是，它“往低处流”。

“往低处流”，我们才会真心倾听学生的发言，学生被尊重的需要才能得到满足；“往低处流”，我们才会想到要去看看学生那边有什么风景，不再做摸象的盲人；“往低处流”，我们才会看到学生的发现，明白“我的认识是对的，但与我不一样的观点不一定就错”；“往低处流”，我们才会真诚地欣赏和夸奖学生；“往低处流”，我们才会从善如流，从容地与学生一起行走。

如今，在课堂上，有些教师常常自以为是，不肯放低姿态，不愿意蹲下来听一听学生们的心声，不愿意倒空自己杯子里的水。

只有师者俯首“往低处流”，学子才会抬头往高处走，这才是新课程改革呼唤的充满生命活力的课堂。

俗话说：“人往高处走，水往低处流。”其实，要“往低处流”，教师先得往高处走。

师者若水。课前，教师要往高处走，提升、丰富自己；课上，教师要“往低处流”，接纳、欣赏学生；课后，教师依旧要往高处去，反思、积累经验。这样，我们的人生修为才会渐臻至善——“水唯能下方成海，山不矜高自及天。”

师者若水。

上善若水。

“天圆地方”求超越

2012年4月，北京市西城区教委成立了“华应龙名师工作室”。在挂牌仪式上，教委的领导说：“这是我们西城区中小学的第一个名师工作室。”西城区名校林立，名师云集，这“第一个”对我来说，是荣誉，更是压力。

夜深人静时，我暗暗鞭策自己：“一定要带个好头！”家有家规，室有“室风”。我追问自己：我的“室风”是什么？我应该传递给入室弟子们什么样的做事态度、什么样的为人处世方式？

在毫无头绪的时候，我恰巧看到了一篇文章，文章介绍了著名历史学家顾颉刚将治学经验归纳为“天圆地方”四个字。这里的“天”，指人之朝天的脑袋；这里的“地”，指人之接地的臀部。所谓“天圆”，就是做学问要脑袋“圆通”，勤于思索，真正做到“活读书，读活书，读书活”；所谓“地方”，就是求知识须臀部“方正”，坐得稳，坐得牢，如木板钉钉，坚忍不拔。

真有意味！我喜欢。“室风”就定为“天圆地方”了！我赋予它几层含义。

第一层含义是倡踏实，夯实功底。成为名师没有捷径，功夫都是“坐”出来的。当下风气浮躁，有人渴望一夜成名、一课成名。弟子们加入名师工作室，只是找准了一个方向，找到了一个可以静心学习的地方。方向对了，就不要怕路远，要享受寂寞，甘坐冷板凳；要立志读破万卷书，坚守“课不润人誓不休”，以求实现教学超越。

第二层含义是尚质疑，开创新局。古人认为，天似华盖，形圆；地如棋盘，形方，故曰“天圆地方”。但远航归来的桅杆引发我们思考：真的是“天圆地方”吗？我们要勇敢地喊出：“大家一直是这么做的，便是对的吗？”小学数学教学也需要与时俱进。从这个层面上来说，我的“室风”定为“天圆地方”，也是受了哈佛大学内哈佛的雕像的启发。

哈佛大学的校园里有一尊雕像，它的底座上有三行字：第一行是“约翰·哈佛”，第二行是“创办人”，第三行则是“1638”。乍一看，很多人都会把这三行字的意思理解为约翰·哈佛在 1638 年创办了哈佛大学。实际上，这三个简单的陈述居然都与事实不符，是“三大谎言”。在雕像的左侧，是哈佛大学“追求真理”的校训。“追求真理”的校训与“三大谎言”雕像相映成趣。可能正是因为这个缘故，哈佛雕像与纽约的自由女神像、华盛顿的林肯纪念堂林肯坐像及费城的富兰克林雕像一起，成为美国人摄影留念最多的四座雕像。

我之所以能上出“单位，让分数更好玩”（《分数的再认识》），“让规律多飞一会儿”（《规律的规律》），“让学习像呼吸一样自然”（《角的度量》），是因为我敢于大胆质疑。我们坚信：非质疑无以超越。

第三层含义是崇圆融，“人课合一”。我查阅文献后才知道，“天圆地方”源于先天八卦图。“方”“圆”其实并不局限于几何形状，而是一种哲学抽象。“圆”的意味是变通、灵活、施与，即“乾”卦；而“方”指的是承载、稳定、不动，即“坤”卦。《易经》说：“天行健，君子以自强不息；地势坤，君子以厚德载物。”做人要“外圆内方”，持经达变。做数学教师既要知道“不以规矩，不能成方圆”，又要知道“曲成万物”，曲径通幽，教学有路曲为径；要秉持“我就是数学”的信念，追求人课合一，课如其人，人如其课。数学教师的生命就是在与数学的不断圆融中成就超越。

“室风”既定，我就考虑请一位大家来题写。2013 年，首届“明远教育奖”颁发，全国共有 13 位教师获奖，我忝列其中。乘着获奖的际遇，我诚挚地恳请顾明远先生题写“室风”。

“室风”不仅要挂在墙上，更要立于我的心中。马斯洛的需要层次理论在 1970 年有了新的发展。马斯洛将“自我实现”区分为两个水平：一是个人水平的“自我实现”，二是超个人水平的“自我实现”。这表明，超越自我是人的最高动机。因此，“天圆地方”求超越，当为本工作室的最高目标。

像袁隆平、屠呦呦那样“化错”

曾经的流行理论认为，水稻是自花授粉作物，没有杂交优势。袁隆平对这个理论表示怀疑。他和搭档罗孝和进行了一次“失败”的水稻杂交试验。这次试验虽然失败了，但正是袁隆平对这次失败的深思和对自己想法的坚持，为人类的粮食供给找到了一条新的道路。

我想和大家探讨几个问题。

第一，袁隆平最大的功劳是什么？

我觉得，袁隆平最大的功劳不是把杂交水稻的产量由 1 变成 2，由 2 变成 3，而是由 0 变成 1。从无到有是质变，是创新。

当时理论界认为水稻没有杂交优势，这让我想起 1993 年我申报“让学生从错误中学习”课题时，负责课题管理的老师诧异地问我：“华校长，大家都是让学生从正确答案中学习，你怎么让学生从错误中学习？”其实，学生学习并不是为了做对一道题，而是为了做好一个人。如果只为了做对一道题，那么从正确答案中学习就够了；如果为了做好一个人，那么学生从错误中学到的东西会更多，也更有价值。有句话说得非常好：“成功是长叶的时候，而失败是长根的时候。”学生犯错时获得的是学习之根、人生之根。

人生自古谁无错？有些错总是要犯的，犯得越早，损失越小。我们只有学会如何直面错误，改正错误，才能做最好的自己。恩格斯曾说过："最好的学习是从差错中学习。"

第二，我们从哪些地方可以看出袁隆平高人一筹？

我觉得，那"一筹"就表现在他对失败、对错误的看法上。由此我们可以继续追问：成功人士的高明之处在哪里？读读名人传记我们就可以发现：他们并不是先知先觉，并不是一直正确，但他们有对待错误的正确态度，有一个善于思索的头脑，有一双善于发现错误中的正确因素的明亮的眼睛。

《史蒂夫·乔布斯传》告诉我们，曾被奥巴马誉为"改变世界的人"的乔布斯，也不是做什么都对，他一样有败走麦城的时候。

爱迪生为了找到合适的灯丝材料，进行了一千多次试验。他的朋友及搭档纷纷劝他说："不要再尝试了，你已失败了一千多次。"而爱迪生却说："不，我成功了。我成功地知道这一千多种材料都不能做灯丝。"

《马云内部讲话：相信明天》告诉我们，马云从小学到中学，成绩一直差强人意。他参加了三次高考，第一次高考数学只得了1分。作为当今社会的风云人物，马云给创业者的建议是"多花时间去听别人是怎么失败的，不要花时间去听别人是怎么成功的"。

我们提出的"化错"，就是"变化"错误，帮助学生走向正确。错误中经常包含着正确，善于发现错误中的正确，培育良性的教育生态，我们就能化错误为正确，"化腐朽为神奇"，化"事故"为"故事"。

第三，袁隆平是如何做到高人一筹的？

试验失败后，袁隆平没有放弃自己的想法，他不断修正，最终取得了成功。

我们要思考，哪些事对学生的发展最有利？我们该怎么做才最有利于学生成长？在课堂上，我们是要完成教案，还是要解决学生的问题？批改作业时，我们是要尽快地画完勾叉，还是要善于从“冷冷清清，凄凄惨惨戚戚”中“寻寻觅觅”？

有差错，才有真正的学习；有“化错”，才有我们期待已久的主动学习、独立思考、创新活动；有“化错教学”，才有学生快乐健康的成长。

我们要思考，学生的错误到底是什么。如果把错误看成“不对”，那它就不值得展开；如果把错误看成学生关于知识的自主、大胆、真实、独特的建构，我们就能“化错”，就能把错误转化为教学资源，就能把“错误”的正能量融入教学过程之中，春风化雨，出神入化，让正确的认识从错误中慢慢生长出来。

我们要思考，我们作为教师该往哪个方向发展。因为只有教师发展了，学生才能更好地发展。就像袁隆平认定杂交水稻研究一样，我们也要定准一个方向。只要方向对了，路就不会太远。

屠呦呦获得诺贝尔奖，同样证明了差错的重要性。她说：“经过那么多次失败，我也怀疑自己的路是不是走错了，但我不想放弃。”在经历了 190 次失败之后，她终于发现了青蒿素。

“咬定青山不放松，立根原在破岩中。千磨万击还坚劲，任尔东西南北风。”如果我们盲目跟风，常常会南辕北辙，结果蹉跎了人生。

尊重学生从尊重他的长相开始

有一天，林肯总统面试了一位应征者。最后，那名应征者没有被录用。幕僚问林肯原因，林肯说：“我不喜欢他的长相！”幕僚不理解，又问：“难道一个人天生长得不好看，也是他的错吗？”林肯回答：“一个人四十岁以前的脸是父母决定的，但四十岁以后的脸应是自己决定的。四十岁以后，人要为自己的长相负责。”

是的，人到中年之后，面相就会被惯常待人接物的方式及思维方式所影响。宽厚的人多半一脸福相，性情柔顺的人面相大多柔和善美，性格粗暴的人往往一脸凶相，品行不良的人往往一脸刻薄相。心中有爱，一般展现于外就慈眉善目；心存恶念，一般形之于外当然就獐头鼠目。

法国大文豪雨果也认为，人的面孔常常反映了他的内心世界。德国哲学家叔本华曾这样总结道：“人的面孔要比人的嘴巴说出来的东西更多、更有趣，因为嘴巴说出的只是人的思想，而面孔说出的是思想的本质。”

这也是一种“相由心生”。

但儿童的相貌特征多与其父母的遗传因素有关，如果长相不佳怪不得他本人。因此，我们教师尊重学生先从尊重他的长相开始。

那是我刚刚被调到江苏省南通市海安县实验小学时发生的事。1996 年 9 月，我新接了一个六年级班，自恃特别能吸引学生的我遇

到了挑战 —— 开学两个星期了，男生小 A 始终对我不感兴趣，一直没有好好看我一眼。我想到鲁迅先生的话“最高的轻蔑是无言，而且连眼珠也不转过去”，心里很不爽。

“是什么原因？”我问自己。

这个男生长得非常特别：个子不高，而且腰总是弓着的；眼睛不大，眉毛是耷拉着的；嘴唇和鼻孔都有点儿豁开了；头发不长但缠在一起……仔细打量着他的样子，我的脑海里浮现出《巴黎圣母院》里敲钟人卡西莫多的形象。我在心中接纳了他。卡西莫多虽然人长得很丑，但心灵很美。我想，小 A 也是这样。

深入了解后我得知，小 A 压根就不用正眼看人。他独钟情于小动物，他的文具盒里经常会有几十只各种各样的昆虫。有一次上英语课，他竟然从怀里掏出一条蛇，女同学惊叫，男同学起哄，课都没法上。最让他头疼的是做作业。有一次，他妈妈逼他做作业，他竟然拿刀要砍他妈妈。他的成绩不好，数学考试总是不及格。他的父母对他也不再寄予厚望，打算让他小学毕业后开个小店铺谋生。因此，借着旧城改造的机会，他的父母给他买了个店面。

我认为，是他的长相妨碍了他与伙伴的正常交往，造成了他的心理问题，而我之前一直忽视了与他的个别沟通。

“我该怎么办？”我问自己。

我一边思考一边查找资料，两天后，我看到人际交往理论中有“相似效应”一说，我终于想到了与小 A 沟通的办法。

星期一的第二节课是数学课。一下课，小 A 就跑到教室外，在花坛里找小虫子。我走过去，看着他玩。他并不理我。“小 A，需要我帮助吗？”他没抬头，也没答应。“我们交个朋友，好吗？”他还是不理我。等了十几秒后，我说：“小 A，我有个地方长得和你一样，你看我的嘴唇上面 ——”（我的嘴唇上也有一块疤。）这次小

A 抬头了，他眼睛中流露出惊奇的神色。我感觉我俩的心理距离拉近了。“我这里是小时候摔跤留下来的，你呢？”“我也是。”（其实，他是先天的兔唇。）他终于看我了，终于和我说话了。虽然他只说了“我也是”三个字，但这表明他愿意和我亲近。

“你知道达尔文吗？”我问他。

“不知道。”他边摇头边回答。要是平时，他可能只摇头，不说话。

“他是一位伟大的生物学家，为人类作出了杰出的贡献。他和你一样，都特别喜欢小动物。想看他的书吗？”我背后藏着一本《达尔文传》。

他的眼睛里闪着喜悦的光芒。他点点头，说：“想！”（大概是由于达尔文和他有相似的地方。）

一个星期后，他爸爸主动打电话给我：“华老师，太感谢您了！我儿子现在回来就看书。”（看的就是那本《达尔文传》。）

后来，我在班上称他“小达尔文”，课上给他展示的机会。他那些特别的解题方法提升了我的教学智慧，我帮他整理出来并投稿。他看到自己的名字上了报纸，特别开心。他有了非常大的进步之后，我给他的奖励是我到他家去玩。他带我看他饲养的“会自己上厕所”的小兔子……小 A 变了，他妈妈说他像“变了个人似的”。他的数学毕业考试得了 96 分。

我还有一个关于“丑孩子”的故事。

2005 年暑假，我应邀到山东省东营市讲课。接机的小车上上来父子俩。父亲是山东某所大学的教授，他也是去东营讲课的。他的儿子半边脸和脖子上都是紫色的胎记。

这位父亲应该是知道自己的儿子长得很特别，所以特意带着儿子出来见世面。我想，这就是父爱如山吧。

推让之后，我坐在副驾驶的位置上，他们父子俩坐在后排。一路上，我和他们父子俩聊天，还常常回头看他儿子。

到东营之后，我和他们父子俩就分开了，各住各的，各讲各的……

2006年国庆假期，那位教授给我打电话，问我是否在北京，他要请我喝酒。我说："您到北京了，应该是我尽地主之谊。"他说："我儿子特别想来看您！"原来，他又利用假期带他儿子来北京了。

我思忖："他儿子为什么特别想来看我？"

答案正如王菲在2010年春晚上唱的那样：为什么会有"传奇"？"只是因为在人群中多看了你一眼！"

我曾在《中国教育报》上看到过一篇有关师生关系的调查报告，其中有这样一句话——"孩子含着泪和妈妈说：'妈妈，今天老师都没有看我一眼！'"

人被尊重的需求是与生俱来的。我们固然要尊重学生的兴趣爱好、思维方式、思想感情及价值观念，但我们首先要尊重学生的人格，尊重学生的身材及相貌。在课堂上，我们要调整视线，让所有学生都能天天看到老师亲切的目光，过上幸福的校园生活。

老师们，尊重学生请从尊重他的长相开始！

老师，您也该对自己的长相负责啊！

老师的口袋

小时候，我假扮老师给小伙伴们上课时，口袋中要插两支笔，一支黑的，一支红的。如果只有一支笔，我认为那不是老师，而是会计，是负责记工分的。

十分凑巧的是，我读傅佩荣的《孟子的智慧》，打开封面后我看到，照片中傅老师的口袋中就是一黑一红两支笔。看来，傅老师也认同老师口袋的“标配”是两支笔。

我亲身经历的两件事，让我觉得老师口袋里还应该装纸巾。

一

暑假前，我去兄弟学校执教观摩课《小数的意义》。

上课伊始，位于教室中间偏后的两个男生起了争执，他们不停地小声争吵。我用目光提醒他们，无效；我轻敲课桌，无效。真有些匪夷所思，有那么多老师在听课，他们竟然能全然不顾？究竟是什么问题，重要到必须在课堂上解决？课上到一半时，两个人还在争执。其中一个男生满脸通红，眼看着眼泪都快要出来了！

我想到于永正先生曾在文章中说：“如果时光老人再给我十几年的时间，让我重教一年级，上课时我会关注每一位学生，不再只是关注教案、教学。岂止是教一年级，教任何年级都要认真读每个学生的表情、动作，从中读出他们的内心，并作出正确的判断，采取相应的措施。”于是，我果断地停下教学的步伐，组织同桌交流。我像正常巡视一样，走到他俩桌前。

两人的桌子中间有一摊唾沫。

我低声问：“怎么回事？”

一个男生带着哭腔说：“是他先吐唾沫的。”

另一个男生说：“我是无意的。”

“不，你是有意的！”

“是我不小心打喷嚏弄的。”

“不是，你就是故意的！”

周围同学的注意力都被吸引过来了。“哦，唾沫大点儿的小事，不值得斤斤计较。影响大家上课多不好！”我摸摸上衣口袋，再摸摸裤兜，掏出面巾纸，轻轻地擦掉了他们桌子中间的唾沫。

在后面的学习过程中，这两个学生表现都很积极，先后发言，我及时给予他们肯定与赞扬。在课堂总结时，我突然意识到这件事太难得了！于是，我和学生有了下面的对话。

师：学小数的过程让我想到了一个成语，你们能猜到是哪个成语吗？

生：锱铢必较。

师：你们真是我的知音啊！（课件出示：锱铢必较）锱是一两的——（生：四分之一），铢是一两的——（生：二十四分之一）小数真精确，但如果我们像小数那样做人就太小气了，唾沫大点儿的小事不值得计较。我想，刚才闹矛盾的两位同学这节课的收获最大！送给同学们一句

话 ——（课件出示：锱铢必较学小数，宽宏大度做巨人。）

（全班同学懂事地点点头）

课后我一直思考：如果当时我的口袋中没有纸巾，该怎么办？难道让学生自己擦掉再上课吗？是让打喷嚏的学生擦，还是让另一个学生擦？他们又拿什么来擦？由谁来擦值得计较吗？从那之后，上课前我都会在口袋中装几张纸巾。

可能有的老师不赞同在数学课上讲这样的话，但我喜欢这样顺势而为。我以为，只要对学生有益，只要不是画蛇添足，这话我就可以讲。我们不必也不能死守着学科边界。如果我们的眼中只有数学，那我们就是个教数学的老师；如果我们的眼中不但有数学，还有学生，那我们才是教学生的数学老师。

二

暑假里，我回老家参加活动。

执教展示课的老师基本功特别扎实！她让学生站在了课堂的正中央，还把刚刚结束的俄罗斯世界杯引入课堂。

同学们正在热烈讨论时，突然，一个不和谐的声音响起：“老师，我要上厕所！”小男孩儿倾着身子，举着小手。

真煞风景！

但这位老师表现得很自然，她微笑着说：“去吧，去吧，没关系啊！”此刻，那用词、那语气、那神态、那氛围，共同营造了一道母爱的风景。

我继续欣赏着这位老师的精妙课堂，她正在讲可能性有大有小。

忽然间我想到，那个男孩儿会不会没带手纸？

我舍不得离开课堂，怕错过了精彩。但犹豫了一会儿，我还是猫着身子，走出了会场。

厕所里，蹲着的小男孩儿把裤子脱到了小腿，正埋头查看着。

我轻轻问道：“拉肚子了？”

“嗯”，他抬头看了我一眼，继续埋头看他的裤子。

“有纸吗？”

“没有 —— 我找了一圈，都没找到。”

我掏出口袋中的纸巾递给他，小男孩儿很有礼貌地回了我一句“谢谢”。

我回到会场继续听课。这节课真是精彩！课尾的一题多用，就像一套组合拳，“打”得我五体投地。我想，如果小男孩儿举手请假时，老师不动声色地走到男孩儿身边，从口袋中掏出几张纸巾，那就……

当然，这是苛求，不该成为要求，但如果作为一条建议呢？也许因为它是“合情”的，所以也就“合理”了。

三

小孩子拉肚子，那是常有的事。抽鼻涕的小孩儿已不多见，但偶尔还会碰上。会哭鼻子的可不单是女孩儿，男孩儿也会动不动就掉眼泪……一切皆有可能。

因此，我是很希望由一位口袋中永远装有几张纸巾的老师来教我的孩子的，我说的老师“口袋里有什么”只是个隐喻，言外之意是“老师的心里面有什么，比原来多了什么”。

华为有为，化错何为

——为 2019 年扬州“化错教育年度峰会”而写

最近一段时间，华为的任正非先生多次在媒体上呼吁要重视基础教育，要让学生学好数学。他说：“我退休后想找一所好大学，学数学。”在中美贸易战的紧要关头，他不担忧华为的存亡，而担心中国的基础教育，这令从事基础教育的我十分敬佩！我扪心自问：我有这样的责任感和担当吗？

我们教数学了吗？我们教好数学了吗？怎样才算教好数学？是要教好数学，还是要教会学生学习数学？是要教数学，还是要用数学来教学生？……

2013 年 3 月，华应龙教育思想研讨会召开，时任江苏省教育厅主管基础教育的胡金波副厅长问我“数学教学的目的”，我说数学教学的目的就是要“让学生心中有‘数’”。怎么才能让学生心中有“数”，而不是心中怕“数”，更不是心中厌“数”呢？

“化错”，是我和我们团队的回答。

“化错”就是要寻找到差错背后的正确方向，进而让差错再向前一步，也许“差错向前一步就是正确”。在这个过程中，学生在获得正确认识的同时，养成了积极的思维习惯及阳光的人生态度。简单地说，就是化错养正，化错化人。

成功人士大多是化错高手。这段时间我一直关注任正非，我发现他就是化错高手。我们都以为华为到了最危险的时刻，他却认为是进入了最佳时期。

教学时，教师怎样让学生化错养正？在数学新授课中，引导学生顺着差错指引的方向去探究，大家比较熟悉。那练习课、复习课呢？我们确实研究得不多。一次研讨会 20 多节课都是“两课”（练习课、复习课），更是从来没见过。因此，我们将 2019 年扬州化错教育年度峰会的主题定为“化错，让师生爱上‘两课’”。

一学期以上课 18 周计算，每周 5 节数学课，共 90 节数学课。新授课 30 节左右，余下的就是练习课和复习课，也就是说“两课”约占了所有课的三分之二。大家都觉得数学课时不够，可是，“两课”上炒冷饭的现象却一直存在。对“两课”，教师，视同鸡肋；学生，味同嚼蜡。“老师，这真像一节复习课。”这是学生对无趣、无味的复习课的评语。

那么，为什么要有“两课”？“两课”的价值是什么？如果学生在“两课”中都不会犯错了，“两课”还要上吗？“两课”就是解题、讲题吗？

我曾作过一个报告，题目是“复习，就是找到自己容易做错的题”。我觉得，“两课”最直接的效果就是帮助学生消灭自己容易做错的题，最终目的是帮助学生成为一个好学者，“不迁怒，不贰过”。我曾上过一节练习讲评课《猜想之后》，演绎了恩格斯的名言“最好的学习是从差错中学习”。（具体可以参见 2015 年 1 月 27 日《光明日报》上的《错误往往是创造的开始——以作业讲评课“猜想之后”为例》一文。）

《阅兵中的数学故事》也是赢得大家称赞的一节练习课。课尾，看到学生们学得十分开心，我问：“大家为什么学得这么开心？”有的学生说：“好玩！”有的学生说：“都没想到！”……我说：“大家为什么学得这么开心？因为伟大的孔子说了，‘学而时习之，不亦说乎！’”如果我们的“两课”能从学生感兴趣的话题切入，效果应该完全不同。“两课”要“习”的，不单是数学知识，更应该是数学的思想和方法。

在任正非引起的数学教育讨论中，有人说，我国的数学课堂上压根就没有数学！话外音是，我们的学生可能计算能力强，公式定理记得牢，却唯独没有数学思维。约翰·霍普金斯大学数学博士阿瑟·本杰明曾在一场 TED 演讲中揭示了数学学习的三个根本原因：计算、应用、激发灵感。也许，我们的数学课堂欠缺后两者。

怎样激发灵感呢？差错就能激发灵感。差错往往是创造的先导。差错有时是另一个世界里的正确。我曾在《人民教育》上发过一篇小文《错若化开，成长自来》，很好地论证了这个观点。

小学数学课堂上怎样“应用”呢？化错，就是让学生“应用”所学的“正”对“错”加以解释，达成“错”与“正”的融通，体验寻找知识的乐趣。

化错，挠在学生痒处，通在学生痛处，亮在学生暗处。化错对提高“两课”质量，确实大有可为。

第三辑

我的榜样和合作伙伴

爱，究竟是为了谁

——纪念霍懋征老师

早在1981年，我在江苏读师范学校的时候，就知道有个与斯霞老师齐名的霍懋征老师。我对她仰慕不已。

2002年3月，我被调到霍懋征老师工作了一辈子的北京第二实验小学做教师，我非常自豪。

2004年12月，我在北京第二实验小学礼堂聆听了霍懋征老师的报告。她清晰的思路，深刻的见解，让我十分佩服。

2005年5月，我陪同霍懋征老师在安徽省合肥市一起讲学，我感觉无比荣耀。

2010年2月19日，在八宝山公墓参加霍懋征老师的追悼会时，我在服务过程中的所见所闻，让我更深刻地感受到了霍老师的崇高精神。

2010年2月23日，在北京第二实验小学报告厅召开的“向霍懋征老师学习”追思会上，我聆听了霍老师的同事、徒弟、家人、学生的心声，再次近距离感受到了霍老师的教育情怀。

捧读霍老师的著作，回味霍老师的一系列经典故事，端详自己和霍老师的合影，我明白了：霍懋征老师是“把爱献给教育的人”，她谱写了一曲辉煌的人生华章。我憬然有悟：师不在名，有爱则灵。

霍懋征老师是教育大家，在我国教育界，鲜有人不知道她的。

我思考：当下很火热的“名师工程”，是否应该改为“明师工程”？做老师就要做明师，既要明白老师的爱是为了谁，老师应该怎样用爱润泽学生的心田，怎么提高爱的能力，也要明白怎样提升爱的艺术，更要明白老师的爱应留在学生心里……

没有爱就没有教育，这一点大家都认同。可是，我们常常看到，教师“爱”学生了却没得到学生的爱。曾经有人调查一所学校的教师：“您爱您的学生吗？”统计结果是95%的教师都说“爱”。再调查这些教师教的学生：“你的老师爱你吗？”统计结果是25%的学生回答“爱”。95%与25%相差的70个百分点说明了什么？可能说明了教师只有爱的情感，但缺少爱的行为、爱的能力、爱的艺术；也可能说明了教师虽实施了“爱”的行为，但学生没有感受到，或者是不肯接受教师的“爱”。

这是为什么？我想，我们首先要弄清楚的是：爱，究竟是为了谁？

爱学生是为了学生。但有的教师爱学生其实不是为了学生，而是为了自己，为了自己班级的期末考试成绩，为了自己的年终奖金，为了自己所谓的好名声。由此，我们不难理解为什么有的学生痛苦地说：“我不要他（指老师）的爱！他不爱我，我还更幸福呢。”

爱学生是为了学生的成长。在霍懋征老师的课堂上曾经发生过这样一件事：她提问的时候，一个学习成绩很差的学生频频举手，但是每次问到他，他都答不上来。霍老师问他原因，他哭着说：“老师，别人都举手，如果我不举手，别人会笑话我。”于是，霍老师就私下和这个学生约定，下次老师提问时，如果会答就举左手，如果不会答就举右手。霍老师看到他举左手，就让他回答；看到他举右手，就不提问他。一段时间后，这个学生的成绩有了很大的进步。李烈校长说：“爱是给人成长的力量。”霍老师这样爱学生，既保护了学生的自尊心，又给了他成长的机会。只有读懂学生，了解学生的需要，教师的爱才能让学生感动，才会更好地促进学生成长。这样的“爱”学生才愿意接受。

爱学生是为了自己。这不能说是错，但应当是为了实现自己的教育理想，为了实现自己的人生价值。年轻的霍懋征选择当小学教师，是因为小学教师是她心中最圣洁的职业。她曾说：“作为一名师范大学的毕业生，我要看看启蒙教育到底是怎么回事，我要做一个比学生的妈妈更了解学生的老师。”没有教育理想的人，不配去爱孩子，不该当老师。如果不让没有教育理想的人做教师，或者让不再热爱教育的人流动出去，那么，我想我们的教育世界会离霍老师追求的境界更近一些。

爱学生是为了家长。“没有教不好的学生”是霍老师的座右铭，也是学生家长最愿意听到的最庄严、最质朴、最有力量的承诺。霍懋征老师对所有学生一视同仁。她经常告诫我们，“幼吾幼以及人之幼”。在教育教学过程中，我们教师要常常站在家长的角度想一想：自己的孩子接受教师这样的“爱”，我们愿意吗？我们一定要时刻提醒自己：己所不欲，勿施于人。

爱学生是为了祖国。霍懋征老师说：“我们的教育不可能使每个学生都成为专家学者、部长司长，可我们应该把学生培养成对社会有用的好工人、好农民、好公民。”认识决定行动。只有我们认识到我们教育工作的使命是促进每个学生的发展，培养每个学生的创新精神和实践能力，我们在教学时才能舍得投入，耐心地等待。

爱学生是为了爱。霍懋征老师喜欢小生命，自称“海陆空三军总司令”。她养鸟、养鱼、养狗，还曾因为喂养野猫被咬伤了手指。弥留之际，她已经不能言语，却还伸出大拇指打手势，夸奖、感谢护工们。春节到了，她打手势向女儿要了“压岁钱”，塞给护工。

《道德经》中说："天下皆知美之为美，斯恶已；皆知善之为善，斯不善已。"霍老师的爱真诚不伪，发自内心。她热爱所有生命，当然也包括她的学生。

李烈校长提出的"以爱育爱"的办学理念，正是对以霍老师为代表的老一辈教师崇高教育追求的继承和发展。我们不仅要将教师的爱作为教育手段，更要将培养学生爱人的能力作为教育目标。爱学生，是为了爱！

当我们的爱，是为了自己的理想，为了学生的发展；当我们的爱，是为了家长的嘱托，为了祖国的富强；当我们的爱，是为了爱，我们的爱才会从心底里涌出，流进学生的心田。

霍懋征老师教过的每一个学生都认为"霍老师最爱我"，几十年后，学生们述说起当年的故事如数家珍。霍老师赢得了长大成人的学生们最真诚、最隆重的回报。这值得我们每个教师用一生去追求。

"国宝教师"霍懋征是一本宝书，这本宝书生动而形象地告诉我们一个老师该做的和能做的。

"所不朽者，垂万世名。"霍懋征老师没有走，她像一座丰碑，永远矗立在我们心里；她是一颗明星，永远陪伴我们在教海中航行！

丁香随风去，芬芳永留存

——纪念关敏卿先生

2013年5月8日22时23分，著名特级教师关敏卿永远离开了我们，享年92岁。

关敏卿老师生于1921年3月23日，祖籍北京。她1941年7月毕业于北京市立师范学校，同年9月参加工作，1978年加入中国共产党。关老师曾在北京市立师范学校附属小学任教3年，后一直在北京第二实验小学任教。至1988年10月退休，关老师共为教育事业奉献了47个春秋！47年中，她曾被评为特级教师、中学高级教师，还曾被授予西城区教育系统“伯乐”的殊荣。47年中，她得到过中外教育专家、各级领导、校内外众多教育同人的无数褒奖。47年中，她教的学生毕业后仍称呼她“慈母”“妈妈”的不计其数。47年的春风化雨、润物无声，47年的钻研求索、矢志不渝。47年来她一直甘当绿叶，痴心不改！

关敏卿老师一生倾情于教育。她安于其业，乐于其业，日新其业。关老师一生著述颇丰，曾在1952年参加由教育部组织的小学数学大纲的编写工作，1978年后主编或与他人合作编写了多本教师、学生数学指导用书，出版了《让学生创造性地学习数学》一书，并在多家专业刊物上发表了《合理组织教材，讲究教学效益》《教给学生几种解答应用题的重要的思维方法》《在应用题教学中发展学生思维的创造性》《一节好的数学课应具备的特点》等数十篇专业论文。她还编写了《小学生学习方法》系列电视讲座教材（数学篇），应邀到全国许多省市讲学，参加并指导了多项教改实验工作。许多人不知道的是，关老师还曾于1950年与人合作编导了大型儿童歌舞剧《保卫和平》，展示了她作为小学教育工作者多才多艺的一面。

1979年，关敏卿老师被评为北京市首批特级教师。她多年来一直奋战在教学一线。她带领徒弟们潜心于教学研究，寒来暑往，斗转星移，一干就是许多年。她一边示范，一边指导，每学期听课160余节。当徒弟们在众多大赛中频频获奖时，她十分欣慰；当徒弟们的荣誉和成就越来越大时，她十分自豪；当自己的教学方法得到更多人的认可时，她十分高兴。国务院参事、全国著名特级教师、北京第二实验小学校长李烈，是她若干弟子中的杰出代表。关老师严谨的治学精神，对教学创新的不懈追求，至今仍对小学数学教学的发展有着深远的影响。

关敏卿老师一生钟情于学生。在20多年的班主任生涯中，关老师用她的温情浸润学生。她的收入微薄，但是她却经常把有困难的学生带到家里，让学生跟自己的孩子生活在一起。她对教学认真负责，从没有因为追求分数而忽略了对学生的教育。有多少个夜晚，她放弃陪伴自己的孩子，行走在家访的路上。她深知，爱学生，就要帮助他们树立正确的人生观；爱学生，就要为他们今后的成长撑起一片天。

她像春蚕和蜡烛那样度过了自己的一生。她把自己宝贵的青春、全部才智、满腔热血，都无私地奉献给了她最钟爱的教育事业。

无论遇到什么困难，她从没有停止过对理想的追求，从没有动摇过对教育事业的忠诚，从没有放弃过人民教师的那份责任。

她是长辈们心中的好孩子，是丈夫心中的贤妻，是孩子心中的慈母，是学生心中的良师，是同事心中的益友，是徒弟心中的灯塔，是北京第二实验小学爱的教育的引航者，是教育事业永远飘扬的一面旗帜！

92 年的生命很长，长到可以让这么多人怀念您；92 年的生命又真的很短，短到我们还没有来得及与您再做一次倾心的交谈。舍不得跟您说再见，耳旁回荡着您亲切的嘱托；舍不得跟您说再见，眼前萦绕的还是您慈祥的笑脸！

关老师，不得不跟您说再见。为了这次道别，您用整个一生做铺垫。在五月的风里，我们跟您道一声珍重，说一句再见。自此之后的每一个五月，我们都会在淡淡而悠远的丁香花里，把您缅怀……

/ 注：本文系与特级教师熊学恩合作完成 /

参事校长的境界

一天，我接到通知，上级领导要来我校了解体育教育、科技教育的实施情况，并进京剧课堂、篮球课堂、科学课堂听三节课，我请张主任落实。张主任在征求意见之后，告诉我他的安排：第一节课听京剧，上半节听三年级男生的，下半节听四年级女生的；第二节课听科学课，科学课教室和京剧教室在同一个楼层；第三节课听篮球，在篮球馆。我十分欣赏张主任的安排，真诚地夸奖他考虑得很全面，很细致。因为我校的京剧课只在三、四年级开设，男生和女生是分班教学的，分别由两位科班出身的京剧老师执教。

周一早晨，我把课表放到了李烈校长的办公桌上。

午饭时分，我在餐厅遇见了李校长。

“李校长，您看到了我放在您办公桌上的课表了吗？”

“我看到了——”

我看着校长，想听她表扬我们部门考虑得挺周到的，哪知道校长说了一句让我摸不着头脑的话。

“小华，你知道我们京剧课是怎么上的吗？”

从校长的语气中，我感觉到了问题的严重性。但我又想，我知道京剧课是怎么上的，这样的安排是没有问题的：两位老师都得到了展示，两个年级的京剧水平都得以汇报，男生、女生的学习状态都得以呈现。于是，我很有底气地说：“校长，我知道。”

“你再想想。”校长继续盛菜。

我心里没谱了，三心二意地盛了些菜，坐到了校长的旁边。

校长看我百思不得其解，笑了笑。

“小华，三年级没有上京剧课的女生做什么呢？”

我有些明白了。

“你这样安排，需要有四位班主任去照顾本班留下的那一半学生。”

“哦，原来是这样！”我彻底明白了。我只想着向领导汇报京剧课的各方面情况，忽略了京剧课是两个班在同一时间上，男生组成一个班，女生组成一个班。李校长问我“知道我们京剧课是怎么上的吗”，一点儿没错，击中要害。

“小华，无论在什么时候，我们都不要为了接待领导而加重老师们的负担，平常什么样领导来时就什么样。”

…………

面对李校长温柔的批评，我的心底涌上一股暖流：李烈校长时刻牵挂着她的老师，做李校长的老师真幸福！

李烈校长是国务院参事，是 1949 年以来第一位受聘为国务院参事的小学教育工作者。这次，李校长并没有直接告诉我该怎么做事，而是教我应该如何自觉地做事。

这是一种领导力，它可以把一个人的视野提升到更高的境界，影响人心。

解决问题是技能，发现问题则是智慧，是境界。我为什么没有发现问题呢？

反思时我想起苏轼和佛印一起打坐的故事——

苏轼是个大才子，佛印是个高僧，两人经常一起参禅、打坐。

一天，苏轼和佛印又在一起打坐。

苏轼问：“你看我像什么？”

佛印说：“我看你像尊佛。”

苏轼听后大笑，对佛印说：“我看你活像一堆牛粪。”

这一次，佛印又吃了哑巴亏。

苏小妹得知这件事后对苏轼说：“参禅的人最讲究见心见性，你心中有什么眼中就有什么。佛印说看你像尊佛，那说明他心中有尊佛；你说佛印像牛粪，想想你心里有什么吧！”

哦，原来是这样。心中有什么，眼中就有什么。作为主管教学的副校长，我心中装着的首先应该是教师和学生。眼中要有事，但心中更要有人。

哦，原来是这样。我看不明白有些事情，是因为我的人生高度还不够。

哦，原来是这样。仁者爱人，当爱成为生命的底色，美德就是智慧。仁者心中有两个人，不但要有自己和他人两个人，而且要有事件中的人和事件背后的人。

维特根斯坦认为，世界的意义应该在世界之外寻找。听话听音，关键是要听出话外之音；一件事情的价值往往不在事情本身，而在事件的背后。

当我们参透世事的事理、情理之后，所有事都会像呼吸一样自然。

“没想到！”

—— 纪念《中国教育报》创刊 30 周年

当翟博总编辑打电话跟我说《中国教育报》创刊 30 周年时，我怀疑自己听错了。怎么会是 30 周年呢，是 60 周年吧？

这很像自己特别喜欢读某位作者的文章，常常想象作者是一位学富五车的长者。可是，见面一瞧：年方二八。

没想到！

可以说，我是在《中国教育报》的哺育下成长的。《中国教育报》诞生的第二年，也就是 1984 年，18 岁的我从师范学校毕业后被分配到乡村小学教书。那时学校订的报刊少，报架就在我办公桌的旁边。怎样对待教师这个职业？如何做一个好老师？怎样才能把数学教得有滋有味？这一系列问题，我都从《中国教育报》上找到了答案。可以说，我现在研究的“化错教学”就是在读了《中国教育报》上的一篇题为“数学教学当暴露学生的思维过程”的文章时获得启发的。当时的《中国教育报》是一周一期，我是读了这期盼下期，就像盼着和初恋的情人约会一样。8 年的相依相恋，让我很想表露心声。1992 年，《中国教育报》在一周之内发表了我的两篇文章，我那个兴奋啊，兴奋得到集镇上买了六两猪头肉，喝了一瓶啤酒。看上去高不可攀的恋人，竟然如此垂青于我 —— 一个乡村小学教师，这让我更加坚定了走专业发展道路的决心。

慢慢地，《中国教育报》成为我表达心声的芳草地。1992 年以来，我在《中国教育报》上发表了 30 多篇文章。每篇文章的背后都有编辑老师们的心血。“居高声自远”，《中国教育报》让我一步一步走向成熟。

没想到！

2005 年 4 月 5 日至 6 月 21 日，《中国教育报》推出了华应龙教育教学艺术系列报道，李建平老师的生花妙笔，让我在全国声名鹊起。这让我见识了《中国教育报》的影响力。2010 年 2 月 3 日，《中国教师报》在头版以“华应龙和他的‘融错教育’”为题对我做了专门的报道。2011 年 12 月 17 日，记者杨桂青采写了一篇《华应龙：做一位有文化自觉的教师》，《中国教育报》整版刊出。之后，我与史铁生、欧阳中石等一起荣膺“《中国教育报 · 文化专刊》2011 年度十大文化人物”。哦，在小学教书也可以成为文化人物。这是《中国教育报》对我的一种引领。

没想到！

2012 年冬季，《中国教育报》在山西省高平市举办“送教下乡”大型公益活动，我忝列末席。听课、评课、做公开课、做报告、回答提问、与观众互动……看似普通的培训活动，却因为“公益”和“下乡”两个词，显现出不同以往的光辉与色彩。看到学生们痴迷的目光，听到老师们响亮的掌声，我陶醉了，我满足了。《中国教育报》开展“送教下乡”活动，把先进的教育理念、实用的教学经验送到基层学校，特别是中西部地区的农村学校，这对推进区域教育改革，实现更高水平的教育公平，无疑具有积极的作用。这次活动让我的精神不再饥饿，也让我对《中国教育报》的领导、老师们更加敬重。

没想到！

在和翟博总编辑的交流中，我了解到《中国教育报》的办报宗旨之一就是要服务教师，支持教师，引领教师，发展教师。一张报纸的可读可信，多半源于编辑的可亲可近。在这里，我要衷心感谢每一位我想到了并且忘不了，但没有时间一一说出名字的编辑老师！哦，原来是这样——编辑们的“总想到”是因，我的“没想到”是果。

没想到！

“没想到”的事，会成为新闻；“没想到”的人，传递着幸福。在这里，我向发出“中国教育好声音”的《中国教育报》致以崇高的敬意，对向我们小学老师传递了正能量的《中国教育报》表示衷心的感谢！再次祝愿《中国教育报》越办越好。

笑声相随

——纪念《人民教育》创刊60周年

《人民教育》是一本思想含量很高的刊物。它颂扬却不吹捧，锐利却不尖刻，隽永却不深奥，浅显却不粗俗。我爱读，常读，必读，期期都有好文章给我带来启发。

印象最深的是1984年我刚参加工作时读到的一篇教育随笔——《从“不笑的老师”谈起》。

文章从有关“学生不喜欢什么样的老师”的调查结果起笔，用诗歌般优美的语言阐述了教师微笑的力量，结尾的话语也充满思辨——“威严是装不出来的，硬装出来的威严不会有力量。微笑是挤不出来的，挤出来的微笑只会使人感到虚伪。”这让身处村小、初为人师的我醍醐灌顶。

我知道自己笑起来比哭还难看。拍照时，我都不敢笑。但我的学生喜欢我笑，他们对家长说：“华老师是个会笑的老师！”他们对记者说：“华老师的眼睛会笑，我们喜欢他。”不少听过我课的老师都感慨：“我特别喜欢听华老师上课时爽朗的笑声！”倘若不信，您可以百度“华应龙，笑”，看看有多少老师是因为喜欢我的笑声而喜欢我的课的。哈哈哈……课堂上不但要有老师真诚的、自然的笑容，还应该有学生天真的、会心的、得意的笑声。“笑润课堂”一直是我的追求。

“威严是装不出来的，硬装出来的威严不会有力量。微笑是挤不出来的，挤出来的微笑只会使人感到虚伪。”这句话，可以说影响了我一辈子。

是《人民教育》在我的心中播撒下微笑的种子，我十分感激《人民教育》。

1994 年，参加工作第 10 年，作为当时江苏省最年轻的乡镇教育助理，我写了一篇《年轻教师不妨听听自己的课》投递给《人民教育》。当时我虽然已经在省级以上报刊上发表了一百多篇文章，但给《人民教育》投稿还是第一次。几个月过去了，杳无音讯。我心中虽有些许失落，但想到《人民教育》是自己心中的圣殿，既是圣殿常人便不容易到达，便也释然了。8 月中旬的一个星期天，午饭时分，我一边吃着午饭，一边翻看着新到的《人民教育》。蓦然，熟悉的“华应龙”三个字闯入眼帘。“哈哈哈，我的文章在《人民教育》上发表啦！”即将上一年级的儿子凑了过来，一边摸着杂志一边看着我，一同分享我的喜悦。夫人给我拿来了酒瓶和酒杯。连不知道《人民教育》是什么的老母亲也眉开眼笑。

2003 年，为了我一篇文章的修改事宜，《人民教育》的编辑老师打电话征询我的意见。电话中，编辑老师对我十分客气，这让我很感动。我的文章《改造学习方式，享受课堂生活 ——〈百分比〉课堂实录与解读》经过编辑老师精到的编辑后变得眉清目秀。文章引起了中央电视台的关注。中央电视台《当代教育》专栏邀请我做了一档节目。这真是双喜临门！这对于刚刚被调进北京、人脉基本为零的我来说弥足珍贵。后来，《人民教育》又陆续发表了我的《神奇的莫比乌斯带》《教是因为需要教 ——“我会用计算器吗”教学实录》《做一个有反思力的教师 —— 记我的一次反思教学经历》《让学习像呼吸一样自然 —— 以教学〈角的度量〉为例》《有无相生：课之佳境》《大成若缺认识“圆”》等一系列文章，把我在教育和教学改革中的一些思考与实践，向全国基础教育界的同人们做了一个展示。

篮球是我的最爱，在球场上我龙腾虎跃，我的笑声在球场上飞扬。我对篮球情有独钟，篮球也让我受益良多。它给了我强健的体魄，锻炼了我拼搏的精神，让我养成了团结合作的习惯，滋育了我平和的心态。2005 年，《人民教育》“名师人生”专栏发表了我的《篮球 —— 我的导师》，好评如潮。我外出参加活动时，常常有领导或老师笑着跟我说：“华老师，我看过您那篇《篮球 —— 我的导师》，写得太好啦！”那种被认同的幸福时时荡漾于心间。我真没想到，《人民教育》的影响力那么大。

2009 年，我在《人民教育》上发表了 7 篇文章，其中《学生叫我“华罗庚”》《“下课啦！”》《现在的课堂会飞》均受到广泛好评。当朋友有些嫉妒地问我有什么写作诀窍时，我半开玩笑半认真地说：“多读《人民教育》就会有灵感！”

每次我看到自己成为《人民教育》的封面人物，每次我看到自己的文章题目被印在《人民教育》的封面上，每次我看到自己的文章题目在《人民教育》的目录中被加粗加黑……我的笑便漾在脸上，徜徉在风中。

我想再看一看《人民教育》上的那篇《从“不笑的老师”谈起》。编辑部的一位编辑费了些周折终于找到了，她在电话中体贴地说：“我们报刊社只有这一份，您就别专门跑过来看了，我请一个小伙子给您送过去吧。千万别弄丢啊！”编辑温暖的话语让我心存感激，我傻傻地笑了。

写下以上与《人民教育》交往有关的文字，心里暖暖的，那是一种被爱围绕着的温暖。张爱玲说：“人生最大的幸福，是发现自己爱的人正好也爱着自己。”千真万确。

我信奉智者的一句禅语：“假如你是一粒微笑的种子，那么，他人就是土地。”我在心里学着说：“假如我是一粒微笑的种子，那么，《人民教育》就是我的土地，它让我生根、发芽、开花、结果。”

俗话说：“滴水之恩当涌泉相报。”我总是觉得这句话说得不全对。如果那滴水的价值比海深、比金贵，又怎能只以“涌泉相报”呢？《人民教育》已经滋润我 26 年，它还将滋润我一生。在她 60 华诞之际，我以四字相报 —— 笑声相随！教师阅读后开悟的笑声，学生受教后幸福的笑声，作者看到自己的文章变成铅字后开心的笑声，编者看到读者反馈后满意的笑声……紧紧相随！紧紧相随！

教小学数学从读《小学数学教师》开始

我从师范学校毕业后，被分配到乡村小学教小学数学。那个时候，乡村小学里根本没有图书馆，只有一个木质的图书柜。从这个图书柜里，我发现了一个宝贝，那就是《小学数学教师》！

为什么说《小学数学教师》是宝贝？

读师范学校时，我是学校篮球队的队长，多次获得学校体育奖学金。但有关小学数学的书，除了课本，我一本都没看过。当我教师生涯中的第一位校长袁恒美先生安排我在承担学校专职体育老师的工作外再教一个班数学时，我有些为难。小学数学课该怎么上？怎么才能做一个优秀的小学数学老师？我心里没底。袁校长是教数学的，他告诉我，可以到图书柜里找本《小学数学教师》看看。

急用先学。我打开《小学数学教师》后，立刻就被吸引住了。原来教数学这么有意思！

后来，在征得袁校长同意后，我把图书柜中的十几本《小学数学教师》均借来阅读。当时师范毕业生很少，分配来校任教的基本都去教语文了，因此，没有人和我争抢数学教学杂志。

镇教研员张志友得知我酷爱《小学数学教师》，把他保存的《小学数学教师》都送给了我。我还利用去其他学校听课、走亲访友等机会努力搜寻，到 1987 年，我已经凑齐了自 1978 年创刊以来所有的《小学数学教师》，一本不落。

1988年，《小学数学教师》选编前50期中的优秀文章，出版了《怎样教小学生学数学》。我立马邮购，收到书后再三研读。从此，我只教数学，不教体育了。

现在回想起拜读乔永洁等老师神奇的教学设计时的感受仍然相当兴奋，“我怎么没想到呢？”“我也应该努力去想！”

我的小学数学教学生涯是从读《小学数学教师》开始的，它让我的小学数学教师生活变得有滋有味，风生水起。

再后来，我不但读《小学数学教师》，还给《小学数学教师》投稿。《百分数的意义》一文得到资深编辑宋淑持先生的高度赞誉，这篇文章的发表让我在全国声名鹊起。《出租车上的数学问题》《游戏公平》《平均数练习课》《分数的初步认识》等一系列文章在《小学数学教师》上发表，它们凝聚着韩希塘、华忠明、刘懿、蒋徐巍、陈洪杰等老师的心血。感谢他们对我的欣赏和抬举！

教小学数学后，从乡村到城镇再到首都，我共搬了9次家。我一次又一次清理旧书和杂志，但一直没肯丢弃哪怕一本《小学数学教师》。《小学数学教师》就这样一直陪伴着我。

2014年是我从教30周年。《小学数学教师》已出刊300期，我拥有300期。30年就应该有360期了，为什么少了？刚开始时《小学数学教师》是双月刊。那能不能推算出是从什么时候起双月刊改为单月刊的？这不就是“鸡兔同笼问题”吗？当我拿到《小学数学教师》2014年7、8月合刊，看到版权页上标着“总298期”时，我愣住了 。哈哈哈，实际的问题总是要更复杂一些。

《小学数学教师》就是一道有趣的题，期待所有小学数学教师一起来解……

值此庆贺《小学数学教师》创刊300期之际，我赤诚地发声 —— 教小学数学从读《小学数学教师》开始！

把真课上得像假的一样

我第一眼看到贲友林老师的《现场与背后——“以学为中心”的数学课堂》时，就被它吸引住了。书的封面上是莫比乌斯带及埃舍尔的作品《相对性》，透出浓浓的数学味。

为何主书名叫“现场与背后”？我带着好奇心打开书，原来答案就在书中。这本书记录了贲友林老师对四年来进行的课堂教学改革实验的回顾与思考，收录了贲老师的30节课。他用课堂实录的方式呈现教学过程，而每一课之后的教学手记则展现了贲老师在课堂背后的思考过程。相对于他在四年里上过的几百节数学课来说，本书收集的三十节课记录的只是教学上的一些片段，但从这些片段中我们可以看出贲老师在被评为特级教师之后，在教学上的抉择、迷茫、困惑与突围，看出贲老师四年来沉浸于课堂之中孜孜不倦的探索与研究。

毋庸置疑，当前中小学课堂教学改革如火如荼，“以学为中心，学生是学习的主人”，这并不是一个新的命题。不过，在学习过程中，学生真的是学习的主人吗？如何真正让学生做学习的主人？对每一位老师来说，这是永远不会过时并且在当下迫切需要研究的问题。

从贲老师的这本书中，我们能看到贲老师是怎样做的、怎样想的。他设计了“感受课”，让学生在学习一个新单元之前，先感受、了解新知识，让学生对新知识不陌生；他还对传统的新授课、练习课、复习课的课型，逐个加以探讨。例如，他创造性地将数学练习课划分成三种：紧承某一知识点学习之后、着重于巩固的专项练习课，在几个知识点学习之后、需要比较与联系的综合练习课，以及聚焦于某一类有关联的问题的专题练习课。他在研究后认为：学生在做练习题时徜徉于数学思考中，比“练”更重要的是“思”。教师在上数学练习课时，常常会设计形式多样的题目，或者是通过对题目进行包装，激发学生的练习兴趣。这固然可以改变数学练习题“冷冰冰”的面孔，增加数学练习题对学生的“亲和力”。但学生更长久的兴趣，一定是来自问题本身的吸引力。因此，我们要用问题的思维含量激活学生，让学生体验数学思考的酸甜苦辣咸，享受智力活动带来的愉悦。上课不能仅仅为了“好看”。课堂上，最重要的不是“表现”，而是在“表现”过程中的“实现”。“表现”是过程，“实现”是结果，有过程，亦要有结果。

阅读书中的课堂实录我们可以发现：每节课都有新探索，每节课都有新改变。正如这本书的封底所写的那样：“每一节课都有故事，每一节课都是历史，每一节课都在成长。”

贲友林老师从“研究学习纸”开始，并以此为抓手，让学生充分展开自主学习，让学生带着想法、带着疑问走进课堂。从他的课堂实录中，我们能真切地感受到学生的自信、积极、主动、活跃。我曾经听说有老师质疑贲老师的课堂实录是“假课”记录。而南京市骨干教师研修班的学员在连续观摩了贲老师一周的课堂教学之后，纷纷感叹道：“贲老师把真课上得像假的一样。”的确，贲老师把真课上成了“假课”，这是因为他的学生在课堂上的表现，远远超出了许多老师对课堂的预期。而学生的发展，恰恰说明了贲老师课堂改革的成功。

手捧《现场与背后——“以学为中心”的数学课堂》，我在想，小学老师该不该做研究？贲老师和我一样，都曾在乡村小学、城镇小学、城市小学工作过。工作环境虽然不同，但我们却有着做教师的同样滋味：繁杂、忙碌、辛苦、疲惫。这几个词，也是现实生活中大多数教师生活的写照。岁岁年年，朝朝暮暮，我们跨入校门，走进办公室，然后走向教室……这按部就班、日复一日的行程，的确会让人产生一种倦怠感。而以研究的方式面对工作，就是提醒自己不要满足于单调的、简单的、重复的教育生活，在试图改变的过程中穷尽教育生活中的各种可能性，不断调整工作心态，改变工作方式，改善教育行为，重建教育观念。我们是否应该像贲老师这样不断提醒自己“让改变发生”？我们是否应该像贲老师这样留下行走的痕迹？研究可以改变我们的行走方式，提升教育生活的品质。

我又在想，小学老师会不会做研究？许多小学老师有研究的热情，但缺乏持续研究的精神。他们常常羡慕专业研究者们用科学的研究方法、生僻的研究术语、高深的理论和严谨的逻辑分析进行高水平的研究，总觉得自己只有经验，摸不着研究的“门”。我以为，小学老师就应该像贲老师这样，在课堂上研究课堂，立足于自己的教学实践，阐述自己的教育思考。这是扎根于实践的研究，是一种草根式的研究，是从现实问题出发的研究。这样的研究，质朴生动，真实可行，鲜活有效。

我还在想，小学老师能不能做研究？也许有人会说小学老师不能做研究，并列出一百条理由。但贲老师给我们的启示是，小学老师做研究，应该是把自己对课堂的想象力、思考力转化成生产力，应该将研究与备课、上课、反思等结合起来，不打乱正常的教学秩序，持续地对问题进行思考。这样，思考和实践便紧紧地结合在了一起。因此，教师应当自觉地以研究的姿态行走，这样的行走，就是一道风景。

这些是贲友林老师给我的启示。回头再看《现场与背后——“以学为中心”的数学课堂》的封面，更加深切地感受到其中的意蕴：不可能中包含了可能。而这些，都是以“真实”为底色，“真实”为品质，“真实”为追求。教育者只有真实地研究，研究真实的课堂，才能获得真实的感悟。

“见贤思齐焉”！贲友林老师把真课上得像假的一样，这是一种境界，我应当继续努力！

奔跑中的李军

李军一直叫我“师父”。说起这师徒之缘，还有一个故事。2005年2月，李军远赴新疆维吾尔自治区察布查尔锡伯自治县第三小学支教。

身为异乡人，面对陌生的环境，或许彼时他的内心是孤独的。但是阅读不仅可以给人慰藉，还可以给人勇气，给人信心。他是一个爱好阅读的人，我们也因“文”结缘。

当年，我在《人民教育》“名师人生”栏目上发表了一篇文章《篮球——我的导师》。我是一个爱打篮球的人，也是一个爱教育的人。没想到，这个远在新疆的大男孩儿也是一个篮球迷。文章发表后不久，我收到了他寄来的信件，洋洋洒洒近四页纸。在那个电子邮件、QQ方兴未艾的年代，他在古老的纸质信中，倾诉对篮球的热爱，诉说对教育的热情。我虽未与他谋面，但是我打心眼里喜欢这个大男孩儿。他在写信时锁眉、沉思、兴奋、挠头的“笨拙”样儿跃然纸上，我读后不禁粲然一笑。他那么阳光、那么真诚、那么奔放，让我想起自己曾经也是这样一个追风少年。

此后，篮球、阅读、教学牵起了我们的师徒情谊。我们在宾馆、在活动现场、在我的家乡江苏省海安县相遇，我们探讨教育的趣味、人生的选择。我们会坦然接受工作和生活上的不如意，也会互相鼓励“风雨过后总会遇见彩虹”。他时常与我分享、交流他的教学设计、教育随笔。他喜爱我这个师父，我也喜欢他这个徒弟。他将我们相知、相识的故事写成了一篇文章，这篇文章在《人民教育》上发表了，并获得《人民教育》创刊60周年征文特别纪念奖。

“早成者未必有成，晚达者未必不达。”我们要做的就是迈开双腿，剩下的不妨交给时间。

李军不忘初心，始终坚持着最初的教育梦想 —— 做一名优秀的小学数学教师。他是这么想的，也是这么做的。他在一所乡镇中心小学工作了二十年，其间，他有多次被调入政府机关、城区学校的机会，但他都坚定地拒绝了。他从一名普通的农村学校的小学数学老师，成长为学校副校长。近几年来，他还被评为全国优秀教师、感动泰州师德模范、泰州市“最美教师”、泰州市学科带头人等。

在我心中，他始终是一棵树，站成最美、最坚定的姿态。他将触角伸向岗位的更深处，比以往扎得更实，站得更稳。

近年来，他申报江苏省教育科学规划办“十二五”规划课题“追寻有‘根’的小学数学教学实践研究”并成功结题。他提出了“给学生有‘根’的数学”“让学习触及数学的本质”的教学主张，致力于探索让数学思想根植于儿童的数学学习的具体方法，努力让课堂教学显现出“新颖、扎实、灵动、智慧”的特点。围绕其研究的课题，他先后研究并执教了《确定位置》《认识分数》《乘法分配律》《解决问题的策略（画图）》等课。他在课堂教学中注入了自己的思考，课堂教学体现出了他的教育追求。他尤为注重数学思想方法的渗透，引导学生把握数学学科本质，在数学知识本源处、内核处、关键处探寻、体验、感受，触及数学知识的“核心”。他致力于给学生一个有“根”的数学，让静态的数学思想融入学生探究发现的过程，更化作学生的思维品质，以此来促进教学方式和学习方式的根本性改变。在他的课堂上，学生有机会通过自己的“再发现”

获得新的数学知识、技能、方法及思想，体验数学思想的“光辉”，感悟数学思想的“魅力”，在探究发现的过程中领悟数学的真谛，从而成长为一个“具有数学思想和眼光”的人。

李军先后多次获得省、市优质课评比一等奖。2012 年，在《小学数学教师》编辑部组织的“辩课进校园”活动中，李军老师与全国著名特级教师苏州大学附属中学的徐斌老师同台执教。2016 年 12 月，他在江苏省教研室组织的“教学新时空”名师课堂活动中执教研究课并围绕课堂教学如何触及数学的本质做了专题报告。他多次赴广东、山东、陕西、甘肃等地执教观摩课，受到广泛好评。他先后撰写了 30 多篇论文，发表于《人民教育》《小学数学教师》等杂志。

我知道李军喜欢跑步。看到勤奋、乐观、执着、向上的奔跑中的“大男孩儿”李军，我的耳边就会响起羽泉的《奔跑》——

我们想漫游世界，
看奇迹就在眼前。
等待夕阳染红了天，
肩并着肩，许下心愿。
随风奔跑自由是方向，
追逐雷和闪电的力量。
把浩瀚的海洋装进我胸膛，
即使再小的帆也能远航。
随风飞翔有梦做翅膀，
敢爱敢做勇敢闯一闯。
哪怕遇见再大的风险、再大的浪，
也会有默契的目光。

此时，我不禁想起《阿甘正传》里一直奔跑的阿甘。

我是在备课《圆的认识》时，无意间看到了《阿甘正传》的。我被电影片尾那美轮美奂的羽毛画面所震撼，受其启发设计出了《圆的认识》的课尾，赢得很多老师的一片赞扬声。继而，迷上阿甘的我又读了美国作家温斯顿·葛鲁姆的长篇小说《阿甘正传》。

阿甘是个智商只有 75 的低能儿。在学校里，为了躲避其他孩子的欺侮，他听从一个朋友的话，开始“跑”。他就这样跑进了一所学校的橄榄球场，跑进了大学，跑成了橄榄球巨星，还受到了肯尼迪总统的接见……

阿甘轰轰烈烈的一生告诉我们：人性的真诚无比可贵，一个人的成就往往不在“智”，而在“痴”。

李军有很高的智商和情商，在李军的奔跑中我聆听到了他生命拔节的声音，感受到了他执着于教育的决心。李军也越跑越快，越跑越坚定，越跑越轻松。我祝愿他在人生漫长的道路上，跑出属于自己的一片精彩，跑出属于他自己的数学教育的光明大道……

我相信并期待李军同样会跑出轰轰烈烈的传奇一生！

成长的姿态

初识培芳，是在2010年3月在厦门举行的全国小学数学“挑战名师——同课异构”课堂教学研讨会上。当时，华东师范大学出版社的朱永通老师让培芳和我同上《神奇的495》一课。朱永通老师多次向我介绍培芳，并极力推荐我收他为徒。小伙子人很机灵，一直说希望我收他做徒弟。我说我很少收徒弟，但如果有机会，肯定收他为徒。之所以这样说，是因为我看出这个小伙子对数学教育的热爱，对数学教育的孜孜以求，对成长的渴望……

一、细腻

在研讨会上，培芳的课备得极为充分。我还记得当时他用刘谦的魔术导入课堂教学，引导学生揭开“数字黑洞495”的神秘面纱，整个教学过程流畅清晰。他的课如果用两个字概括就是“细腻”！会后研讨时，我戏称“我的课就像一匹来自北方的狼，而培芳的课就像一只从南方来的温顺的羊”。这句话虽有几分调侃的意味，但更多的是我真实的感受。

之后在与培芳的多次接触中，我发现他课堂教学的细腻其实源于他为人的细腻，这再一次说明了“课如其人”的说法并非虚妄。

我主编《做一个优秀的小学数学教师——16位著名特级教师的专业成长案例》一书时，曾向福建省泉州市第二实验小学的林心明校长约稿。由于林校长与培芳较为熟悉，因此书稿的修改意见大都由培芳代为传达。有很多问题培芳都问得很仔细，这种细致与细腻最终帮他较好地完成了这个任务。

细腻在一个人的专业成长过程中至关重要，它可以让一个人的教学技艺更加扎实。此外，优秀的课堂教学更是离不开教师对学生的细腻观察，小学课堂更是如此。

含蓄蕴藉，细腻是教学技艺走向成熟的姿态。

二、接纳

在教学研讨会上，培芳在课后反思中说的第一句话让我至今仍印象深刻。他说的是："华老师不是用来挑战的，而是用来学习的。"我之所以印象深刻不是因为这句话让我感觉很受用，而是因为这句话结合着会议主题"挑战名师——同课异构"来看时，更透射出来一种谦虚与灵巧。我想，对所有想在数学教育领域内精益求精的人来说，谦虚与灵巧都是很重要的品质。

2012年7月，我在北京的一个会议上又遇到了培芳。当时大会正在讨论一个问题，那就是6分成6和0是否算一种分法。会议间隙，培芳问我的意见。我先反问他的意见，他较为坚决地认为这不算一种分法。我和他说了我的意见是，6分成6和0应该是一种分法。由于会议议程较多，我们没来得及充分讨论就分开了。后来，培芳告诉我他在教材培训时说了这样一段话："起先，我认为6分成6和0不能算是一种分法，因为这看上去根本就没有分。可是，有一天我碰到了华老师，我询问他的意见。华老师说这应当算一种分法，听了华老师的话，我仔细思考后同意这是一种分法了。”我问：“你不怕别人说你是盲目崇拜吗？”他说：“当一个人的学识比自己高时，我们应当仔细思考他们的意见，努力探求话语背后的道理！这是一种学习。”

“这是一种学习！”接纳是一种学习，执着有时也是一种学习。然而，如若能抱着接纳的心态学习，或许可以让自己更强大，更有底气去执着。

有容乃大，接纳是一种极佳的成长姿态。

三、反思

2011 年 3 月，我在浙江省金华市参加新世纪小学数学课堂教学观摩活动。我执教了《分数的再认识》一课，结合学生对分数单位的感悟，我提出了“分数，就是分完再数的数”的说法。培芳对此十分诧异，他多次问我是怎么想到这个说法的，还说教“分数的再认识”的老师那么多，为什么只有我这样说。他的这种做法与我在讲座中提到的教师应多反思自己不谋而合！教师只有不断地反问自己“我怎么没想到”，才有可能让自己更多地想到。

见贤思齐其实也是一种可贵的反思！

与培芳相识后，我时常在一些杂志上见到培芳发表的教学案例与教学思考。每每看到他的文章我都会细读，我发现他对数学教学的思考能力在提升，更可贵的是，在反思的同时，他能进一步思考调整与改进方式，而后进行实证性的研究，分析研究数据，检验自己教学思考与教学改进的有效性。这种建立在思考与反思之上的实证研究正在支持他不断地成长与进步！

反思也是一种成长的姿态！

四、修身

在与培芳的邮件交流中，有一次他谈到了一个人的人格魅力对课堂的影响。他说一个人的人格魅力体现在课堂上、餐桌上，体现在聊天中、寒暄里……没有一个人能隐藏或是伪装自己的人格。他说他喜欢我的课堂，除了因为我的教学设计比较灵巧、独特之外，还因为他看到了我在课堂上彰显的人格魅力：对学生的关注，对学生的鼓励，对学生的引领。

可见，培芳已从对教学技艺的关注回归到对“人”的关注，对自身修为的关注。他已经意识到要上好课，首先就要做好人。他现在能有这样的认识我很高兴，因为人是一切事物的根本！

独善其身，修身是成长应有的姿态！

海阔凭鱼跃，山高人为峰

我和仲海峰老师相识于 1996 年。那年我作为优秀师范毕业生代表应邀回母校讲学。母校领导特意安排了与我志趣相投的校篮球队队长、我的海安老乡海峰接待我，他陪我逛校园、打篮球。闲聊中，我得知海峰很早就在报刊上发表了文章，并屡屡获得各级各类科学发明与创造大奖。

真正和海峰长时间相处是在 1998 年。海峰放弃留校任教的机会，来到海安找我，希望毕业后，来我所在的海安实验小学工作。在我的帮助下，海峰终于如愿。

海峰有着与众不同的思维和不甘落后的品质。一些看似简单甚至幼稚的问题常常会成为他持续关注的对象。他擅长从教育教学中一些大家习以为常的现象入手，撬动课堂改革中的热点、难点问题，引发课堂变革。

2006 年，《人民教育》刊发了海峰的一篇文章。文章从“拉得动的三角形，不具有稳定性”“拉不动的四边形自行车车架，具有稳定性”这两个似是而非的结论切入，从数学的、逻辑的、生活的、教学的角度，深入剖析了这两个结论产生的原因，进而对各版本教材几十年来所阐述的三角形稳定性的含义进行了批判和质疑，提出了富有成效的改进建议。尤为可贵的是，海峰以小见大，将研究的触角伸向对“生活数学”和“学校数学”分野的追问。[①] 海峰的研究深得南京大学哲学教授郑毓信的赏识，郑教授曾多次在报告和文章中号召老师们做研究时要学习海峰：加强问题意识，加强理论研究，努力做到以小见大。[②]

海峰的这篇文章在一线教师中产生了不小的影响，成为不少地方教师培训的必读篇目。《人民教育》总编余慧娟、南京大学哲学教授郑毓信、中央民族大学教授孙晓天分别撰文对海峰的文章进行点评、提升。

作为一名教育工作者，海峰有很强的责任意识。网络上有一个热门视频，内容是一个小女孩儿哭诉背乘法表太难了，她说自己永远记不住。[③]大部分人在看过、笑过之后，就把这个视频抛到脑后了。海峰却为之深深担忧，他说：“视频中家长粗暴的声音和小姑娘为难的神情，在我心中久久挥之不去。我知道这不是个案，作为小学生的家长、数学教师、教学研究人员，我有责任和义务好好地去研究、反思。”[④]

海峰是这么说的，也是这么做的。他反复观看视频，并向他的儿子请教，向他的同事请教，向书本请教。一个月后，他的研究成果《直观色彩的抽象：小学数学教学的重要途径》发表于《教育研究与评论：小学教育教学》，很快被人大复印资料《小学数学教与学》全文转载。在这篇文章中，他以视频为抓手，鞭辟入里地分析了机械记忆的心理学原理及存在的危害，明确提出了“后进生习得性无助”“纯刺激反应的免疫力缺失”等尖锐问题。

---

①仲海峰．追问学校数学和生活数学的分野［J］．人民教育，2006（3）：42–43.
② 郑毓信．小学数学教学研究热点问题透视［J］．人民教育，2006（18）：28.
③ 视频网址：https://v.qq.com/x/page/j0138ckgr4n.html?
④仲海峰．直观色彩的抽象：小学数学教学的重要途径［J］．小学数学教与学，2014（5）：32–34.

海峰不仅有批判，还有建设。他针对自己提出的这些问题上了一节富有成效的研究课。从学生尝试五个五个数蚕豆开始，海峰先让学生逐步“数”出5的乘法口诀；接着，让学生借助熟悉的手掌图进一步“算”出5的乘法口诀；下一步，借用看不见手指的“拳头图”，让学生“想象”出5的乘法口诀；最后，让学生看着表格，心里想着手掌图、拳头图，记忆5的乘法口诀。

经过“数出口诀”“算出口诀”“联想口诀”等一系列直观可感、由低级到高级的学习过程，学生不仅记住了5的乘法口诀，而且理解了5的乘法口诀。将来即便忘记了，他们还能够借助大脑中的蚕豆、手掌、拳头或表格等图像，将5的乘法口诀独立“再生”出来。这就是海峰常常说的“带得走的、能生长的知识”。

这几年，我每年都会听海峰的一两节课。前不久，我刚刚听了他的一节课，主题是“三角形三边关系”。课中有一个环节是一个男生在讲台前尝试用长度分别为5厘米、20厘米、30厘米的三根木条摆三角形。这个男生很执着，反复试了七八回都没有围成（事实上根本围不成），但他还是没有要放弃的意思。台下的学生或兴奋，或着急，或跃跃欲试。旁边听课的老师有些着急了：仲海峰早就该告诉学生们“这三根木条是不能围成三角形的”。但是，海峰不着急，他笑眯眯地看着，后来他竟然发问：“这个男生好像遇到了一些困难，有没有人想帮帮他？”台下竟然真的有好多学生急不可耐地冲上讲台，原来他们打心眼里认为这三根木条是能围成三角形的。经过了很多次失败的尝试后，学生们说：“如果两个短边的长度和大于最长边，就能摆出三角形；如果两个短边的长度和小于或等于最长边，就一定摆不出三角形。”

大部分人上公开课都追求顺畅，忌讳在课堂上出问题，认为在课堂上出问题会给人不好的感觉。海峰在课堂横生枝节时竟然还

“怂恿”学生，让学生继续在“不可能”的道路上越走越远！海峰说，在学生们犯错时，我们更需要慢下来，让学生自然生长！

海峰的教学成果颇丰，他在省级期刊上发表文章近两百篇。他参加江苏省录像课评比活动，获一等奖。他是海安专业技术拔尖人才、“海安新长征突击手”；自2010年以来，连续三年被评为南通市学科带头人；他先后被评为江苏省科研先进个人、江苏省“333高层次人才”。据说海峰因缺少综合性表彰，没能申报特级教师。这是遗憾，更是动力。

衷心地祝愿海峰不忘初心，耐住寂寞，“海阔凭鱼跃”；持之以恒，不断攀登，“山高人为峰”！

教之至善在唤醒

听完刘劲苓老师的《倒数》一课，我的心情久久不能平静。

在我看来压根就没有什么好讲的《倒数》，她怎么就能讲得津津有味？准确地说，不是她讲得津津有味，而是她组织学生学得津津有味。

2005 年，她讲过《倒数》这节课，我评析过，文章还公开发表了。时隔 6 年，她又上出了完全不同的升级版的《倒数》。

“技盖至此乎？”

“艺痴者技必良。”

是的，正因为刘劲苓老师痴迷课堂，所以她的课堂才充满了魔力。

再三回味刘劲苓老师的这堂课，我觉得她把她的课堂教学“写”成了一篇精美的散文，起、承、转、合都做得特别劲道，特别有韵味。

沉思良久，我觉得她的起、承、转、合中有一个共同的精神层面的追求，那就是唤醒。

教之至善在唤醒。

我刚做老师的时候，教学大多是“告诉”；在教过三五年之后，我明白了教学重在“启发”；现在我懂得了，最好的教学应该是“唤醒”。

一、唤醒学生尝试的勇气

“谁除谁等于 1 呢？你能用最简单的语言概括一下吗？”这个问题十分简单，对学生来说是小菜一碟。但有此做铺垫，教学便有了波澜，有了情趣。当刘劲苓老师抛出真正想要问的、有些难度的“哪两个数相乘等于 1”时，学生有些迟疑。这在刘老师的意料之中，因此，刘老师说：“这个问题不是很好回答了吧？请同学们打开练习本，在上面写上几组乘积是 1 的数，我们看看哪些同学写得多。”在尝试之后，学生就有话要说了。

在师生讨论如何找一个数的倒数时，刘老师又给了学生尝试的机会。“这样，同桌间互相出数，然后想一想，怎样求这些数的倒数。把想法写在本上。”这样，学生下次再遇到不会解的问题时，就会记得要动笔试一试。

二、让学生找到自己感到困惑的地方

在学生自主概括出倒数的概念之后，刘劲苓老师让学生自行探究倒数的求法。学生各执一“例”，见仁见智。刘老师引导学生重在探究、表达、交流，重在过程、体验和共享的意图得到鲜活而丰厚的回报。题目是学生自己出的，方法是学生自己找的，结论是学生自己总结的，教师的作用只是在旁边指点、给出建议。叶圣陶先生曾说过：“教师之主导作用，盖在于善于引导启迪，使学生自奋其力，自致其知。非教师滔滔讲说，学生默默聆听。”在讨论怎样找带分数的数的倒数时，一个学生没有说明白自己的困惑，刘老师说：“我觉得我们还没理解你刚才说的话。你是不是想说，你明白他们的方法，但还有点儿疑问？”这是倾听，是尊重，是穷追不舍，意在让学生说出自己感到困惑的地方；这是挑起争端，意在让学生比较甄别，同时让我们看到了教师巧妙运用学生的差错资源、“变废为宝”的娴熟技巧。一幅“学生主体，教师主导”的新课堂生动画卷展现在我们面前，我们不禁为之赞叹，为之击节叫好！

三、让学生体验美好的人性

在这节课上，学生戴上魔术师的帽子，情趣盎然地做“找朋友”游戏。这个设计比六年前的设计成熟多了，也精致多了。在帽子上贴着“1”的学生还不知道自己帽子上的数时，刘劲苓老师说：“可能你忽略了一个条件。大家想想，他可能忽略了哪句话？我把要求重新说一下……”我仿佛听到了久别的全国青年歌手电视大奖赛中滕矢初评委那人情味十足的评点。教学首先是人学。刘老师站到学生一边，设身处地地从学生的角度来引导教学，唤醒的岂止是帽子上贴着“1”的学生？

品味刘老师讲的《倒数》一课时，我想起了《孟子》中的一段话：“仁义礼智，非由外铄我也，我固有之也，弗思耳矣。故曰：‘求则得之，舍则失之。’或相倍蓰而无算者，不能尽其才者也。”是的，人与人之间智力水平有差别，原因可能是有些人没有充分发挥出自身的聪明才智。怎样才能让学生充分发挥自己的聪明才智呢？老师们学学刘劲苓老师吧！

微笑的沈勇

沈勇给我打来电话，想请我为他写一篇文章，我欣然应允。

写点儿什么呢？虽然沈勇是我工作室的首批成员、核心成员，但他远在成都，我们之间的交流，基本上是通过邮件进行的。最直接的交流方式就是偶尔我们参加同一个活动后聊一聊或者我把听课心得、记录拍照发给他。我们不在一座城市，无法随时见面。他的成长我都是通过“评中学高级教师了、评特级教师了、任副校长了”这样的报喜邮件中得知的。但他在每一次“化错教育年度峰会”上的公开课，都能给我留下较为深刻的印象。

汶川大地震后，我到灾区讲学，结识了沈勇。当时他作为义工在当地进行支教，听说我来上课，便坐在学生后面听课。现在想来，当时他给我留下的最深的印象，就是他那标志性的微笑——当你面对破碎的大地和无助的脸庞时，突然有一张真诚的笑脸出现，你所感受到的不仅仅是学术上的认同，更多的是他对生活的信心。

我在生活中、课堂上常常是放声大笑，他却总是眯着眼微笑。我们对喜悦的表达方式不一样，但都让人感觉温暖。

那就写写微笑的沈勇吧。

沈勇的经历和我颇有几分相似。他也不是数学教育科班出身，他学的是中文，最终却成了数学特级教师。他也是在乡村学校工作几年后，再转到城市学校的。他每到一个地方，都遇见了许多帮助他的人。他不止一次地说起，是四川省内江市资中县的林中柱老师带他起步，是四川省成都市的阎小雄老师让他知道什么叫一堂好课，是我指导他走出了四川省，是尤一、张碧荣、程依青等教研员为他提供了平台与机会，是余强校长有计划地培养他……这与我的经历何其相似！知道感恩的人大多是幸运的，而微笑，是他对这个世界最温暖的回报。

沈勇的课很有特点。“激情而不失理性，风趣而不失严谨”在他身上体现得相当充分。从“真正的好老师，应该是把数学当故事讲给小孩听”到“适合儿童真实成长的数学课堂”，他总是把儿童放在课堂的正中央。从我开始组织一年一次的“化错教育年度峰会”起，他就是现场展示课的主要承担者。会议之前，我只能看到他的课堂教学的设计文本，具体效果怎么样，我也没底。后来发现，每次试教过后，他都会发来一段文字：“师父，今天我试教过了，效果不错。”然后是一个笑脸。时间长了，我基本上就不看他发来的课堂实录了，只要看到这个笑脸，我就放心了。他的课堂上总是充满了笑声，就算出现一些插曲，他也总能微笑地应对。

已过不惑之年的他，一边继续钻研课堂教学，一边还承担着成都名校四川大学附属小学的教学科研副校长工作。我到他的学校时，与人聊到沈勇，听到的都是他在管理中如何为老师着想、为学生着想，如何改变常规、减负增效的事……前些日子，我听说他也成立了工作室，正带着一群热爱数学教育的人前行。面对如此繁杂的工作，他还能保持饱满的精神和标志性的笑容，我十分钦佩他。

沈勇对待生活的态度挺有意思。有一年，我到成都见到了他的夫人与女儿。我非常惊讶地发现，他们一家三口笑起来居然是一个样子。我一下就明白了，他为什么会放弃到北京的机会，为什么会在四川大学附属小学一待就是十多年，为什么他对自己每年接受多少次讲学邀请限定得那么严。正如他在文章中所言：“如果我们不能帮助儿童在学习数学时感到快乐，不能帮助他们真实地拥有今天的幸福，又何谈为明天的幸福做准备？”他对待小学数学教育的观点与他对待生活的观点是一致的。

一个对生活充满热情的人，注定是幸福的。微笑，是一个“70后”特级教师的睿智。

我曾在《人民教育》上发表过一篇题为“笑声相随”的文章，我愿意以此祝福微笑的沈勇——教得比我好，过得比我好，笑声永相随！

心到功自成

《小学数学教师》2018 年第 10 期的封面人物是刘伟男老师。有很多老师问我："您是刘伟男老师的师父，她的成长密码究竟是什么？"的确，刘伟男是令我十分自豪和感激的徒弟，这个问题值得思考。

在"千课万人"活动中，张梅玲教授在点评我的课时说："华应龙，你的徒弟刘伟男已经把你'拍'在了沙滩上！"主办方张伯阳主任说："华老师，预定刘伟男的课堂实录光盘的人数已经超过你了！"

在学校里，她一直是最受学生欢迎的老师之一。学生毕业后再回到母校，一定要见到她才肯离开。家长纷纷称赞"她就是数学天使"！她经常帮同事们想出很多"金点子"，同事们见她都喜笑颜开。在家里，家人都夸她是"开心果"。她尊老爱幼，懂事大气。

"嘻，善哉！技盖至此乎？"她成长的密码到底是什么？

相随心生，缘由心定，缘起于心而修于心。若我们从"心"出发，追寻心智的丰富和开放，那么心在哪儿，智慧就在哪儿。心到功自成。

一、心有灵犀

伟男来学校应聘时讲的什么课题我已经记不得了，但有一个细节现在仍历历在目。当时她在板书，一个学生应答。大概是因为她特别想写好每一个粉笔字吧，所以她没有听清楚学生的应答。板书完，她转过身来，伸出手掌，示意学生重答一遍。从她的眼睛里我看出，在话语即将出口之际，她改变了主意。她伸出的手掌还是指向那位发言的学生，但话语已变成了：“你请一位懂你的同学再重复一遍！”哇，这灵气，我没有。

那明亮的双眸，带着勇气，带着温暖，带着智慧，带着鼓舞……

孟子说：“得天下英才而教育之，三乐也。”

我讲《计算器的使用》时提出了要教“储存”“提取”两个键，这在全国产生了一定的影响，数学教材因此而改变。她在研究《计算器的使用》一课时竟然发现还要教“清除”键。

我用积水成渊、积土成山、积善成德等一系列成语，带三年级的学生认识了面积。她创造出“开发星球”的好玩游戏，让学生在操作和比较中认识了面积。我们都是让学生认识规则图形的面积，她却让学生比较不规则图形的面积。但事实上，她的课堂教学让学生的数学思考更显灵动。

华东师范大学张奠宙先生对我教的四年级《游戏公平》一课是这样评论的：“我为华应龙老师的创造而折服！”可是，她还是设计出了新的《游戏公平》，其中的游戏环节更凸显了她对学生数据分析观念的培养。

她的另一位师父，特级教师、数学教育博士施银燕的《确定位置》一课赢得了一致好评。伟男见微知著，从点、线、面、体出发，系统地规划这一教学内容，让这节经典的课焕发出了新的生命活力。她的这节课既好玩，又有意义。学生既学到了知识，又锻炼了思维。

有老师猜测：刘伟男的这些创新课背后，都有我和施银燕老师的功劳。错了，真的没有，有时我还成为她创新的阻力呢！比如带领学生学习面积时，我说：“从来没有老师让学生通过不规则图形来认识面积，你的那些问题是没法解决的。”

如果要说有我们的功劳，那就是我们成了根“跳高杆”。教学相长，师徒也是如此。

伟男的灵气让我特别相信冯骥才先生说过的一句话：“只要我守住自己的信仰与追求及其所爱，灵感会不时来吻一吻我的脑门。”

二、专心致志

有灵气的老师，不止刘伟男一人。但能像她那样勤勉的，就我所知，并不多。

我出版的《我就是数学 —— 华应龙教育随笔》《我这样教数学 —— 华应龙课堂实录》已被她翻烂了，书皮都坏了。乃至她写出来的文章，有人以为是我代笔。这让我想起石中英教授说过的一句话：“最好的学习是集中精力读一个人的书。”

教书的人不读书，是教不好书的。

我和工作室的成员们分享过王国维的《人间词话》。“古今之成大事业、大学问者，必经过三种之境界：‘昨夜西风凋碧树。独上高楼，望尽天涯路’，此第一境也。‘衣带渐宽终不悔，为伊消得人憔悴’，此第二境也。‘众里寻他千百度，蓦然回首，那人却在，灯火阑珊处’，此第三境也。”我认为，教学和教学设计也是这样。我们备课时如果只知道教材、教参上怎么说，那是不够的。只有耐得住寂寞，“独上高楼，望尽天涯路”，知悉在全国范围内教这节课的张老师、吴老师、许老师、黄老师、贲老师的代表性教法，并能发现其中的问题，才能算进入第一个境界。

刘伟男做到了，这很难得。为研究一节课，她常常是“竭泽而渔”，找遍身边能找到的所有资料。

她不单勤学，还会勤问。

我们常常一起外出讲学。刚开始，她总是不解地问我：“师父，为什么学生在您的课堂上都表现得非常棒呢？”我说：“因为我心不急。我追求的是学生在我的带领下能够从当下起步，状态越来越好，答得越来越漂亮！”她明白之后，总是努力地去做，慢慢调整自己的心态，做得越来越好。

在读书、思考、实践、总结等各个方面，刘伟男都没有偷懒。她养成了习惯，形成了“链条”。为了思考一个问题，为了解决后进生的难题，为了解决心中的困惑，她没少流眼泪。“玉容寂寞泪阑干，梨花一枝春带雨。”“衣带渐宽终不悔，为伊消得人憔悴。”创新从来都不是轻而易举的，创新者只有坚定不移，经过一番寒彻骨，废寝忘食，孜孜以求才能实现。

三、真心诚意

刘伟男爱工作。她是一个盼望上课、盼望与学生待在一起的好老师。她在《人民教育》上发表的《回忆你做学生时的滋味》就是个例证。

刘伟男爱学生。在托马斯·沃特曼的小说《上帝创造母亲时》中有这样一段描述母亲的眼睛的文字：“她需要一双能透过紧闭的房门洞察一切的眼睛，这样她才可以胸有成竹地问：‘孩子们，你们在里面干什么？’另一双眼睛将长在她的后脑勺上，专门用来看那些她不该看到而又必须了解的事情。当然，在前额下面也有一双眼睛，当孩子有了过失或麻烦时，这双眼睛能够看着他。她不必开口，就能明确地表达出‘我理解并爱你’的意思。”我觉得，伟男老师看学生时的眼睛就是这样的。

刘伟男能服从大局。学校对她委以重任，让她在新学期接两个三年级班。她原来执教的四年级班的家长不干了，强烈要求校方安排她继续任教原来的班级。伟男虽然很爱她的四年级班，也很想跟着上五年级，但她能服从大局，反过来做家长的工作。

刘伟男爱憎分明。在一次研讨展示活动中，第一位上课的老师拖堂了，第二位老师上台后，接过话筒就说：“请同学们帮我计时，40 分钟一到，我就下课。”当时我的感觉就不好，想在活动结束后提醒她下次不要这样。我们工作室强调“人课合一”，做人要厚道。没有人愿意拖堂，如果换个位置，是她自己拖堂了，听到这样的话是什么感受？结果，第二位老师也拖堂了。互动研讨时，伟男拿起话筒说：“我们几个都拖堂了。关于拖堂，我们可以从多个角度来看……”活动结束后，我问伟男为什么说话那么直接。她说：“我想让那位老师体验一下，也想安慰一下第一位上课的老师！”

刘伟男素面朝天。毕淑敏说：“我相信不化妆的微笑更纯洁而美好，我相信不化妆的目光更坦率而真诚，我相信不化妆的女人更有勇气直面人生。”我们祝福伟男未来走得更好！

刘伟男有恻隐之心、辞让之心和是非之心。她很单纯，把自己看得很轻，因此她没有那些世俗的私心杂念。这让我想起那句经典的话语：“天使为什么能飞？因为她把自己看得很轻。”

悠然的心态，智慧的提升

——为柳小梅《“智慧庄园”中的散步：我的情境数学行与思》一书作序

年轻教师要想获得专业成长，必定要在专业劳作的过程中不停地思考、探索。这是一种工作与生活的应然状态，也是一个精神发育的必然过程。其间，定向思考、环境氛围、悠然心态和长期坚守都是不可或缺的。

我工作室中的成员、南通市小学数学学科带头人柳小梅，正是同时具备了这四者并幸福地行走在小学数学教学的大道上。她的新书《“智慧庄园”中的散步：我的情境数学行与思》要出版了，实在是可喜可贺！这本书收录了她多年来在小学数学教学实践中的际遇和感悟（“一路走来”）、听课学习的心得（“读懂课堂”）、对一些专题的探究及思考（“叩问课堂”）以及部分课堂教学实录与案例（“在线课堂”），集中反映了其高超的专业水平及取得的丰硕成果。

柳小梅老师十余年如一日，执着于对情境教育的思考，守望小学数学教学。她坚持认为，数学的学科特质是思维，思维的理想境界是智慧。这使得她能够在多年的小学数学教学实践中一路跋涉，扎实地行走。她从智慧生成出发，拓展出对情境教育、对李吉林老师、对南通的教育环境及氛围际遇的交融理解。她集腋成裘，将所有感悟诉诸笔端，化为篇篇美文。这个过程催生了她基于情境教育思想基础的数学教学智慧。

柳小梅是幸福的，她的智慧数学教学思考的幼苗生长在无比丰腴的土壤中。

她有幸出道于全国素质教育的高地 —— 江苏省南通市，她在机缘巧合下结识了一批教育名家、特级教师和在全省赛课活动中获得十连冠的骨干同事。她的数学教育精神的成长，得益于情境教育、化错数学、智慧课堂、素质发展、儿童本真、数学文化等创新教育理念的互相碰撞。外在良好的教育环境，推动着她的小学数学教育生涯发生裂变。

柳小梅心境平和，具有专业抱负。

这是她数学教学能力可以快速成长的主观条件。她视数学教学为在庄园中信步漫游。她既讲究效益，又尊重儿童的感受。她始终心态从容、悠然自得。她把儿童当成每日教学情境中的伙伴，视他们为在庄园中休闲共游的朋友。这样的教学心态，不但促进了儿童的发展，也反过来促进了教者自身数学教学精神的茁壮成长。

柳小梅长期守望数学教学，这是情境数学获得精神发育最根本的源泉。

柳小梅爱儿童，爱数学。她曾多次参与校、区、市、省和全国的业务评比和教研活动，到新疆、浙江、陕西、广州、湖北等地进行教学交流。她时时关注课堂，发出对小学数学教学的声声“叩问”。其所教所感、所行所思，无不表现出对数学教学锲而不舍的探索及对数学学科的热爱。她曾因为工作地点的改变而不得不改教语文，两年后她又回归数学教学的园地，继续她对数学教学的深入探究，继续她“‘智慧庄园’中的散步”。“问渠那得清如许？为有源头活水来。”这些都是她数学教学精神发育的源头活水。

这本 20 多万字的新书，所承载的价值意蕴是多元的、立体的。

其一，这本书反映了教师业务实践锻炼的酸甜苦辣。

年轻教学骨干要想快速发展，必须闯过读懂数学、读懂儿童、读懂课堂、读懂数学教学等关卡，经受住来自家长和儿童的种种考验。“不经历风雨，怎么见彩虹？”不用心追寻，教学精神怎能得以张扬？只有以自然平和的心态对待教学中的坎坷，教师才能谱写出数学教学精神发展的优美篇章。

其二，这本书的出版表明数学教学还有一方广阔的天地。

紧紧追寻时代潮流的教学弄潮儿，除了上好每一堂课、教好每一个学生、参与好每一项教研活动、应对好每日常规事务外，还需要不断地反思，着眼于对学生数学学科精神的培育，时时保持对数学学科教学思想发展的敏感。

其三，这本书的出版表明，感性实践需与理性思考紧密结合。

行为源于思想，实践要靠理论指导。小学数学应该教什么、为谁教、如何教，需要怎么改、改什么、向着哪个方向改，一直是小学数学教师需要直面的课题。我们应以平和的心态，积极运用教学智慧，既教且思，边教边思，或者教后再思，或者先思后教，“谋定而后动”。我们要用理性思考的光辉，照亮教学行为的旅途，实现实践与研究的有机结合。只有这样，我们才能成为专家学者型教师，形成自己的教学风格。

“天行健，君子以自强不息。”柳小梅出版教学专著了，我为她骄傲！愿她不断扬帆远航，与时俱进，撰写出更新、更美、更优雅的教育华章！

是为序。

追寻“玩学一体”的儿童数学教学

每个人都有自己的梦想，查人韵从小就梦想当一名优秀的小学教师。时光飞逝，查人韵从青涩的青年老师成长为江苏省优秀青年教师、苏州市青年拔尖人才。在追寻梦想的路上，她满怀激情，努力追随，不断超越。

我曾在《江苏教育》上发表过一篇《人韵润人》的文章。的确，她是一位“润人”的老师，她和学生之间发生了很多温暖的故事，她的抽屉里珍藏着许多学生写给她的“情书”，她的家长说很幸运遇到这样一位老师，她的校长说她的每一届学生都爱她。她特别喜欢成尚荣先生说过的一句话：“儿童，一个宇宙，一片星辰。我们带着好奇，望着他，探索着他。”

2009 年 12 月，她拜我为师，她说她要把这份润泽更好地落实在课堂上的每个角落，不仅让学生感受到老师的温暖可亲，更要让学生感觉到数学的可亲可爱。她对学生学习起点的研究十分着迷。她直面学生的知识、经验、思维、能力、态度的起点，细腻地、科学地去前测、去剖析，为实现学生的各种可能性开辟道路。每个学生身上都蕴藏着无限积极的可能性。教师如何看待学生其实就是如何看待可能性，教师应使学生身上潜在的积极的可能性转化为现实。

2016 年 9 月，查人韵被江苏省太仓市教育局任命为太仓市港城小学校长。校长的岗位并没有让她放弃做一名优秀教师的梦想。人韵说她常记着我说的这句话："能将对学生的爱与对数学的爱合并在一起的教师，更完美！"她带领学校的数学团队和本市部分骨干教师开启了江苏省"十三五"教育科学规划课题"儿童数学实验室开发的实践研究"。她不断探寻"人课合一"的课堂，追寻"玩学一体"的儿童数学教学。就像《好老师是自己找的》一书中所言："教与学的活动，其实跟孩子在沙滩上的游戏差不多，所有成果都会随着时间与潮流，从无到有再到无，重要的是，过程里的愉悦跟心醉神迷。"

"玩学一体"的儿童数学教学是指老师亲近儿童，老师和学生玩出了许多有意思的故事；老师能走入学生的内心，在学生的生命里烙下痕迹；学生亲近数学，用适合自己天性的方式去学习，在玩中学、玩中悟。"玩学一体"的儿童数学教学彰显了数学的趣味性，体现了"做中学"的思想。学生在获得数学素养的同时，培养了动手实践能力与创新意识。

"玩学一体"的儿童数学教学需要载体。近几年来，查人韵带领课题团队重点进行了儿童数学实验室建设，研究了实验室的区域划分、实验工具的分类开发与管理。主题体验实验室从课程内容出发，构建了量（质量、长度、面积、体积）的体验、大数据分析体验等实验内容；游戏实验室的建设为教师提供了苏教版教材中"动手做""综合实践""国内外经典数学游戏"所需的资源与环境。正如人韵在文章中所说："儿童数学实验室初长成。"大概人韵想表达的是："我家有女初长成。"无疑，儿童数学实验室就是她的掌上明珠。

实施"玩学一体"的儿童数学教学，教师需要改变教学方式。教师需小心翼翼地呵护学生兴趣的种子，千方百计地点燃学生思维的火花！教师应充分相信学生的潜能，根据学生的心理特点和已有的知识经验，基于学科本质，巧妙地将数学实验引入课堂，激发学生的兴趣，扣住学生的心弦，鼓励学生自主探索。“玩学一体”的儿童数学课堂，借助数学实验，让数学课变得多姿多彩，学生乐在其中。我们欣喜地看到，在课堂上，学生学习的积极性、自主性、探究性、合作性、创新性得到了明显提高。

我上完《阅兵中的数学故事》后，有一点感悟：“数学是玩具，是和自己的想象力玩耍的玩具。”人韵的实验研究说明，我们是志同道合的。

查人韵爱儿童，爱数学，爱事业。由衷地祝愿她在追寻梦想的路上越走越高、越走越远、越走越好！

第四辑

我这样一路走来

“不钻进去是搞不好的”

实施“双主体育人”，全面推进素质教育，是北京第二实验小学已经坚持了20多年的办学思路。我校重视校园文化建设，努力创建优美的校园环境，以求达到“环境育人”的实效。

一、我们的校园是这样的

校园里处处整洁有序，令人心情舒畅。门口由多根红黄色蜡烛组成的雕塑象征着我们学校全体员工团结奋进，共同托起明天的太阳；在南楼前的草丛中有一座师生头倚头的雕塑，那金色的“爱”字十分夺目；北楼外的宣传栏鲜明地点出了学生们的奋斗目标；每层楼内和每个教室的展示窗及瓷砖墙上不断展示着学生们精美的作品；校园内的花草藤蔓，每一处都是那样鲜活，特别是西侧的“生物角”中，有美丽的孔雀、可爱的小鸟、奇特的火鸡、灵活的松鼠……优美动听的课间音乐和在“欢乐角”中嬉戏的学生，让校园中充满了动感和生气，充盈着温馨和爱意。

我校的厕所没有一点儿异味，只有淡淡的香气。走进厕所，学生看到的不再是一排蹲坑而是一扇扇小门，小门上有精致的小标牌、美丽的图案和温和的语言，“其实我也爱干净，请你帮帮我！”“你会喜欢我淡淡的清香，我会爱上你文明的举止！”“轻轻按我一下，你好，我好，大家都好！”……厕所里还安装了纸巾盒。这样的厕所浸润着人性和童趣，蕴藏着教育。

在每层楼的楼道旁，还有锃亮的不锈钢饮水机，红色的数字显示着水温35摄氏度，这是学生饮水机。在学生饮水机旁边是教师饮水机，上面赫然贴着“烫！学生勿动”。

“哎！难得，难得！”“整洁优美，精雕细刻！”“没有死角。”“That’s great!”（太棒了！）“So wonderful!”（美极了！）“就是不一样！”……来我校参观的人赞不绝口。我校多次被评为北京市西城区绿色学校、北京市中小学校园环境示范学校、北京市卫生先进单位等。

二、我们是这样想的

有人说，学校里总务工作“简单”“大不了腿勤快点儿就行了”。可我们认为：只有把总务工作做好，学校整体工作才能正常有序地推进。不论总务工作中的哪个环节出了问题，都会带来一系列问题。饭菜不熟，暖气不热，桌椅残破，门窗失修，仪器短缺……凡此种种，必然会给教育教学工作带来不小的影响。试想：走进校园后你看到的是残垣断壁，乱草疯长；踏进厕所后，你看到的是不堪入目的景象，只能屏住呼吸……如果你是这所学校的学生或教师，你有什么感觉，怎样的心境？

人们常把学校的总务工作称为“后勤工作”。邓小平同志曾经说过：“现在一定要有一批人搞好后勤工作，这些人要甘当无名英雄，勤勤恳恳，热心为大家服务。后勤工作也是一门学问，也需要学习，也能出人才，不钻进去是搞不好的。”他的话阐明了总务工作的重要意义，指出了出色完成总务工作的根本大法。

三、我们是这样做的

1. 树立主动服务意识

总务工作人员是为师生服务的。这种服务不应当是被迫的，而应当是自觉的；不应当是被动的，而应当是主动的；不应当是假意的，而应当是真心的。我们要力求通过我们实实在在的行动，让师生真切地感受到，总务工作人员为他们服务时是热情主动、真心实意的。我们要站在师生的立场上努力发现问题，接纳师生的建议，改造环境，改善工作。

2. 把握学校的治校方略

校园环境建设要实现育人功能，就必须与学校的办学思路相契合。我校组织所有后勤人员参加学校的集中学习，参加一些重大的研讨活动，了解国内外教育改革的动态，熟悉“双主体育人”的内含要义和操作要素，让总务人员改变了自己是局外人的错误观念。

3. 深入教学实际，了解师生需求

学校的中心工作是教学，为师生服务是我们开展工作的指导思想。为此，我们深入班级，深入年级组，了解实际情况，主动服务，与教师密切配合。

每周五的调研课，全校中层以上的干部都要听，总务主任也要参加。有一次，下课铃响时，一些小朋友被铃声吓了一跳。总务

主任看到这一现象后，主动向校长汇报，建议更换铃声。在跑了多家商场无果的情况下，学校托人从日本捎回一套设备，传统的铃声被动听的音乐取代。

总务工作的对象，既包括物，也包括人，而人是主要的，物是为人服务的。很多公共厕所里都没有提供卫生纸。学生有时会忘了带，有时来不及取。我们立即想办法解决问题，在厕所里装了纸巾盒。

我们还设立了总务信箱，了解师生的教学需求。学校每学期都搞问卷调查，主动向家长了解有关校园建设以及其他后勤工作的建议。只要是合理、可行的建议，我们立即着手处理。

对校园绿化，我们的原则是：四季常绿，三季有花。只要有空地，只要能开辟，我们就种花、栽树。有学生提出："我们的校园有花香没鸟语，不好！"虽然大部分学校里都没有小动物，但我们认为学生的想法有道理，便立即动手安装笼罩，选购小动物。小动物园建成了，学生们一蹦三尺高。课余饭后，学生们围观嬉戏，既增长了知识，又培育了爱心。

4. 不断追求卓越

李烈校长曾提出："我们北京第二实验小学人人追求卓越，处处展现精品！"这同样是对我们总务人员的要求。在西单十字路口，有块"不要着急，红灯亮了歇口气"的交通广告牌，据说这条人性化的广告语是征集来的。它启发了我们。我们在全校师生中开展了征集节水、节电、卫生、文明方面的小标语、小口号的活动。我们将语言优美、图案活泼的标语挂到厕所、水池等地，这成了我校一道靓丽的风景线。学生饮水机上的标语是"滴滴清水，是地球妈妈的眼泪！涓涓溪流，是地球妈妈的乳汁！"电灯开关旁的标语是“电灯也要睡觉！”楼梯口的标语是“美丽的环境，愉悦你、我、他！”……

“教室无纸屑，地面无痰迹，墙壁无尘污，课桌无刀痕，厕所无臭味，花木无攀折”是校园建设的基本要求。我们现在追求的是让校园里的每一个角落、每一处景物都能与师生对话，折射出人性的美好！

都是“大约”惹的祸

校长们常常会收到家长反映教学问题的信件。一般来说，这些信件反映的问题都挺棘手，不容易处理。因为如果是一般的问题，家长是不会写信反映的。如何处理这类问题呢？我想和大家分享一下下面的案例。

一、家长在信中反映的问题

2014 年 9 月 1 日，新学期刚开始，李烈校长转给我一封学生家长的信。信中说，上学期五年级数学期末试卷中一道试题评分标准有误，“20”不该算对。

试题是这样的：

> 一张单人课桌抽屉的长、宽、高分别是 50 厘米、30 厘米、13 厘米，这样的一张单人课桌抽屉里面大约能放（　　）个棱长是 1 分米的粉笔盒。

毫无疑问，这道题主要是考查学生的空间观念是否真正建立起来，考查学生看到数据后能不能在头脑中形成表象，灵活解决问题。

这道题的正确答案是“15”。

在阅卷过程中，年级主任拿着试卷找我说“20”也该算对。理由是得出“20”的学生的思路完全正确，只是学生看到了题目中的“大约”两字，因此就把“15”四舍五入成“20”了。

当然，学生也可能是把错误答案“19.5”四舍五入成“20”的。因为是填空题，所以我们无法一一考究学生的思维过程。但如果判“20”为错，那些由15四舍五入成20的学生确实有些冤。因此，我同意“20”算对，并要求教师在评讲试卷时提醒学生以后不能见到“大约”就四舍五入。

没想到学生家长竟为此写信！

二、我们的纠结

李校长对我说：“小华，在生活中有人会把15四舍五入到20吗？20绝对是错的，纠正吧！”

我有些纠结。该怎么纠正？已经入了档案的学生试卷要改正吗？记分表要改吗？学生评价手册上的成绩要改吗？怎么向学生们解释？谁来解释？是把全年级600名学生集中到礼堂统一由我来纠正，还是各班分别纠正？纠正之后，会不会有写“20”的学生家长又来要说法……

我和年级主任沟通之后，老师们找来了学生把“15”改成“20”的试卷，问我这样的试卷该如何处理。

从五年级（1）班魏佳茗和五年级（11）班章佳驰同学的试卷中，我们可以清楚地看出他们是反复改了5次之后最终敲定的“20”。

就因为我命题时没有推敲“大约”可能带来的后果，一道好题变成了烫手的山芋。我后悔不已。

都是“大约”惹的祸。

命题时，我为什么要加“大约”呢？因为粉笔盒并不是标准的正方体，往往是长方体，并且棱长也不是准确的1分米。但是，如果我把“大约”后移就会妥当些：“这样的一张单人课桌抽屉里面能放（　）个棱长大约是1分米的粉笔盒。”

我承认自己命题时考虑不周，让学生左右为难。如果把这道题作废，是否更好一些呢？

三、行政会上的探讨

在开学第三周的行政会上，六年级组做了题为“‘求真’的思考”的发言，把这个问题作为学习案例呈现了出来。李烈校长组织大家各抒己见。一位主任说：“标准答案应该是‘15’，若只看见‘20’我也会判错。但老师们能够不只看答案，还看学生的解题过程，这是一种进步。”另一位主任建议说：“如果这道题把‘大约’改成‘最多’就好了。”我也做了说明和反思。

最后，李烈校长做了近一个小时的总结发言。李校长说：“第一，我很欣赏六年级组将这个案例拿出来进行分析的态度。大家聚焦学生的解答，落脚点在‘求真’上。这种做法以及对这道题的反思，都是求真精神的一种表现，我真的非常欣赏。

“第二，课改有一个非常突出的特点就是让学生学生活中的数学。因此，从这个角度来讲，我们判断这道题该以什么为本？我认为应以生活实际为本。这样一个课桌的抽屉，能放进去20个粉笔盒吗？19个呢？16个呢？所有想法似乎都有道理。但是，15个以上的答案，不管有什么道理，都是不符合生活实际的。

“学生为什么会得出这个结果呢？因为学得死，看见‘大约’就想四舍五入。求近似数只有四舍五入这一种方法吗？学生还学了去尾法，怎么不用？刚才小华解释了他出这道题时为什么用‘大约’，他还说今后出题时该再严谨些。还有人建议说如果这道题用‘最多’就好了。我要问：把‘大约’放后面或者换成‘最多’就什么矛盾都没了，答案就唯一了吗？但真要那样改，这道题还有价值吗？我看未必。所以，我们应坚持用这个‘大约’，我还把它理解成是诚心考核学生的理解能力的词。

“第三，我们现在应该思考，就把‘大约’放在这里，学生应该得出那么多种答案吗？这道题学生最容易出错的地方就是错用大体积除以小体积。可以说是‘大约’捣了乱，但它反映的是学生空间观念没有建立起来这一问题。如果学生空间观念建立起来了，还会被‘大约’两个字带跑吗？而且跑得那么邪门？600个学生只有100个学生真正答对？所以，我觉得小华这个‘大约’出得多有价值啊！不然我们还不知道有那么多学生空间观念没有建立起来，或者说建立得不稳固。如果学生的空间观念建立起来了，学生们早就该嚷嚷起来了，不干了。如果从这个角度去看的话，小华，感谢你出了个‘大约’。我们的期末考试考什么呢？近似值这个知识点价值何在？小学数学的意义何在？

“第四，刚才我们有的同事说，要看到解题过程，没看到的话，可以把学生找来问问。我想说这些做法都是对的，我们做这些工作的目的和价值是真正走进学生，看学生是怎样想的，问题出在哪里，我们怎么有针对性地进行下一步教学。但我们不能因此破坏了期末考试的严肃性。诸位，你们考大学时有可能跟人家讲一讲你们是怎么想的吗？可能吗？做不到，到什么时候都做不到。为什么期末考试时我们的任课教师不进本班教室，为什么期末考试时学生的座位要保持一定的距离，为什么我们是轮流监考，为什么我们阅卷的时候是组间交换、流水作业？这不是不信任，而是为了保证期末考试的严肃性。这是不可撼动的。当然，强调期末考试的严肃性并不意味着错了也不认。如果这道题真的出错了，就要另外想处理办法了。”

醍醐灌顶！通透敞亮！

没想到一个“大约”引出了这么多话题，这么深刻的思考。李烈校长小中见大，由近及远，看到了事件背后的成因。

在北京第二实验小学，“大约”是精确，是彻底。从这次“大约”事件中，我进一步体认了——

命题是一个专业活儿，马虎不得，命题人要有“吟安一个字，捻断数茎须”的精神。

阅卷是一件严肃的事，标准的变动必须谨慎，因为考试具有导向功能。要记住纪伯伦的诗句：“我们已经走得太远，以至于我们忘记了为什么而出发。”

管理是一项人心工程，不能就事论事，要就事论理，传递正能量，把解决问题和管理育人、激发热忱联系起来。当我和同事们都认为“大约”惹了祸时，李校长却看到了“过”中之“功”，我被她鞭辟入里的分析深深地感动了……做管理工作，就要常常回味李校长的话：“谅人之过，念人之功，让自己的天空常蓝，让他人内心温暖。”

南通教育：迷恋他人的成长

2014 年春节前夕，我回到老家江苏省南通市。本是隆冬时节，气候却温暖如春，没有了绒衣缠身，没有了束手束脚。

巧遇好友汤卫红，我俩从他研究的课题，聊到我的“化错教育”；从我即将研究的新课，聊到他新近读到的美文；从 2014 年 5 月在北京召开的首届华人数学教育会议，聊到正高级职称评定。当我说到在有的地方，正高级职称评定还是论资排辈，一位我特别敬佩、数学功力令我自愧弗如、数学课评点总是让人拍案叫绝的老师因资历不够而没有被评上正高级职称的时候，卫红一脸惊讶。

卫红为什么惊讶？

他的惊讶引发了我的思考。论资排辈并非全无道理，其中包含着人们对被评者教育经历、人生经历的必要考量。有时候少年成名可能会导致一些人心浮气躁。太早被评上特级教师或正高级职称对一些人来说未必是好事，特别是对功利心较强的人。那些荣誉评上之日，往往是他们专业成长止步之时。

但在江苏省南通市，无论是评选特级教师还是评定正高级职称，所有申请人都要上课、答辩，大家已经对此程序习以为常了。上课前 1 小时才拿到教材，不能事先接触学生，没有助手帮忙……有真水平的，上！

卫红的惊讶，让我想起常常被问及的一个问题：“为什么你们南通市的名师那么多？”

的确，我们南通名师辈出。单说小学吧，语文有李吉林、施建平、许友兰、陈萍、祝禧、王笑梅、周益民等，数学有盛大启、张兴华、陈今晨、丁建强、赵云峰、丁锦华、徐斌、贲友林、许卫兵、蔡宏圣、仲广群、张冬梅、季国栋、汤卫红、顾娟、施银燕、张齐华、柳小梅、储冬生、仲海峰、刘海玲等。一次，北京师范大学组织全国有影响力的中青年教师做小学数学培训，邀请的 10 位上课教师中有 8 位是江苏籍的，其中 6 位是南通人。当我说破这一点时，组织者大为惊羡。

以往在回答“为什么你们南通市的名师那么多”这样一个让人感到自豪的问题时，我大多是从文化氛围、历史积淀、个人努力等方面侃侃而谈的。这会儿，我突然意识到，我忘记了“不论资排辈”的南通市的局长、科长们。虽然我在撰写自己的成长体会时、在做题为“感恩的人会成功”的报告时，没有忘记领导，道出了真挚的感激之情，但在回答有关“团队成长”“南通现象”等问题时，我没有把这至关重要的一点加上。

这，绝不是客套。

就以我为例吧，因为我的事我自己最清楚。

我 1966 年出生在一个农民家庭。1995 年，我被推荐参评江苏省特级教师。当时我一边在江苏省南通市海安县墩头镇海舍村小学执教数学，一边在墩头镇政府做教育助理。南通市教委的领导，我一个都不认识。我顺利地通过了县、市、省学科组的评审，到最后一关时，我没能通过。让我感到非常意外的是，当时南通市教委人事科陈家如科长亲自打电话给我，让我不要泄气。他告诉我这次我没能评上主要是因为我的年龄太小了。虽然没被评上特级教师，但接到陈科长的电话，我的心里满满的都是幸福。放下电话，我抬头看天空，天空更蓝；我低头看学生，个个像花朵。从此，我的梦更加清晰，我对课堂更加迷恋，看书更加专注，写文章更有灵感。

两年之后，又到评特级教师的时候了，我已经被调到了海安县实验小学。当时海安县教育局主管人事的蒋鹤林副局长把我叫到他的办公室，在了解了一些情况后说：“小华，翟校长（海安县实验小学副校长，教语文）在小学语文教学上很有建树。他已经 58 岁了，今年的特级教师评审，我们准备推荐他，你的意见呢？”“蒋局长，您放心，我举双手赞成。我的机会还多着呢！”从局长室出来后，我感觉树上小鸟的鸣叫声真好听，它们似乎在说：“你啊，你啊，真幸运！遇上这么好的领导，他们这么尊重你。”

当海安县教育局把特级教师的推荐材料上报到南通市教育局时，主管领导诧异地问：“怎么没有华应龙的材料？”过了一段时间后，南通市教育局张锦屏科长说：“我们经过研究后决定，海安县可以补报华应龙的材料，不占当地的指标。”

当南通市教育局苏大伟科长打电话让我准备材料时，我惊诧不已：“怎么可能这样？！”

当时我只是想到了培根的一句话——“我的幸运，流畅得有如荷马的诗句”，却没有想到这是领导们唯才是举的一贯风格使然。

领导们对我的厚爱，激励我不断充实自己，我希望自己可以对得起那份厚爱。

南通市教育局的领导们为什么这么尊重教师，甚至如此青睐一名乡村教师？这个问题值得我们深入研究。

从一滴水中可以见到阳光。在不少地方的教师还在论资排辈的怪圈里挣扎时，南通教育人已经习惯了“迷恋他人的成长”，信奉“付出总有回报”。

加拿大著名教育家马克斯·范梅南曾说：“教育学是一种迷恋他

人成长的学问。”

我想：如果教育局的领导们都迷恋校长的成长，校长们都迷恋教师的成长，教师们都迷恋学生的成长，那么，我们的教育梦，我们的中国梦，或许就不再是梦。

（本文刊登于2014年第5期《人民教育》。2017年3月，江苏省南通市教育局组织召开了高规格的“华应龙和化错教育研讨会”，全国1200多名同行莅临。会后，好几位参会的校长发出共同的感慨：“南通市的领导能这样对待一位已调离十多年的老师，他们的格局真让人敬佩！”“华应龙，我们对您，真是‘羡慕嫉妒爱’！”不禁想起2002年，我调到北京不久后，西城区教委程刚主任跟我说：“小华，‘全国教育看江苏，江苏教育看南通’，请您给我们带路，我请杨区长和主管主任、科长们一起到您老家考察、学习。”陪同西城区教委领导考察南通教育时的留影，我一直珍藏着。）

我爱您，海安实验小学

—— 纪念海安实验小学建校 110 周年

2002 年 3 月，我指导学校三年级数学老师黄利华教学“认识千米”。我觉得教材上“运动场是 400 米，跑 2 圈半就是 1000 米”的说法并不能给学生留下深刻的印象，我们需要找个大家都熟悉的一段距离作为标准和参照。因此，我建议她周末开车从天安门出发，分别向西、向东、向南开，看看开到什么地方正好是 1000 米。周六，黄利华老师兴奋地打电话给我：“华主任（当年我是教学主任），太巧啦，从天安门到新华门大约就是 1000 米。”

我为什么能创造性地使用教材呢？

那就要说到海安实验小学了。

1984 年中师毕业后，18 岁的我被分配到乡村小学教书。我特别羡慕分配到海安实验小学的同学。后来，由于多次到海安实验小学借班上课参加教学比赛的缘故，我走在海安的大街上，会有背着书包的学生和我说“华老师好”。那叫声真甜啊，我内心无比自豪：“在城里也有我的学生了！”

1995 年 11 月 28 日，我被调到了海安实验小学任副校长。

这是我和海安实验小学的缘分。

我记得，海安实验小学的同事很快接纳了我，并给予我非常高的评价。有许多次评选，我的得票数在全校都是最高的。这让我非常感动。我的同事并没有因为我来自乡村而对我另眼相看，我的同事并没有因为我的学历、职称、职位等都已经走到了同龄人的前面而眼红。每次我上完研究课，同事们都给予我热烈的掌声。我曾很多次看到储冬生、柳小梅、仲海峰等年轻教师在办公室翻看我的学生作业本，学习我给学生布置的题，学习我给学生写的鼓励性批语……我清晰地记得，当年的同事、副教导主任景盛把上公开课的机会让给我；下班之后，我和顾荣、华志刚、李仁平、常毅、薛华、崔恒春等小伙子一起打篮球，汗如雨下，其乐融融；在学校搬迁之际，我和同事们一起搬砖头，共贺乔迁之喜……

我刚刚调进海安实验小学时，我接手的六年级班情况不佳，优秀生不多，后进生不少。但一年下来，我教的班毕业考试的平均分、升重点中学的学生数都是全校第一。许卫兵、景素霞、许映连等同事在聚餐时真诚地对我表示祝贺，这个场景至今我仍历历在目。

2001 年，我去大连参加国家级骨干教师培训，离开了我的二年级学生。一个月后，学生写给我的信让我感动得流泪。2005 年，我回到海安实验小学参加教学研讨活动。学校把我当年教过一、二年级的已经分散到各班的六年级学生集中起来，由我执教《神奇的莫比乌斯带》。学生的精彩表现令与会者拍手叫好。

海安实验小学的学生让我充分享受到了做教师的幸福！

海安实验小学被业界誉为“学者型教师的摇篮”，《中国教育报》对此曾做过整版的报道。我做科研副校长时主持的读书沙龙实录在《江苏教育研究》上发表。我在江苏省“教海探航”征文比赛中获一等奖的几篇文章，就是在与学者型教师崔广柏、李永柏、贲友林、许卫兵、仲广群、陆晓林、周振宇等人一次又一次的思想碰撞中写就的。

海安实验小学的老师都喜欢读书，喜欢钻研业务，喜欢独立思考。海安实验小学的领导金沙、翟书烈、吉远稳和前辈顾开瑞、朱祥池、曹桂林、王美芳、王秀玲等人，都支持老师们“请进来”执经叩问；支持老师们“走出去”，开阔眼界。

我记得，金沙校长推荐我读库尔特·勒温的场论；我记得，顾开瑞老主任给我的墨宝——“戒骄戒躁”……中央教育科学研究所田慧生研究员、郁波研究员，北京师范大学裴娣娜教授、郭华教授都指导过我在海安实验小学上的公开课。

1999年我开始参加苏教版新教材的编写工作。每次去南京，我都实实在在地感受到了编写教材的艰辛。我特别敬佩王林、孙丽谷、盛大启、凌国伟、陈春圣、李继海等老师的敬业精神和扎实的数学底蕴。这段编写教材的经历，也帮我打破了教材的神秘感。在这之后，我在备课以及指导备课时，习惯了站在学生的角度批判性地使用教材。同时，在编写新教材的过程中，我切实地感受到了自己的职业价值和生命价值。

因此，从学生的视角来看，教材上有关“千米”的论述确实需要教学加工和二次开发。我很有信心做出这样的判断。

我为什么要在2002年3月，在学期中途，调离海安实验小学？

因为按照既定规则，那年暑假，海安实验小学要竞选校长。当时我是常务副校长，如果竞选上了校长，我就不可能立马离开；如果竞选不上校长，我离开了，似乎是因为没有当上校长，“落荒而逃”。所以，在2001年底，我向教育局提出了调动申请。三个月之后，我接到了北京的调令。也就是在那个时候，我定下了自己事业发展的方向——“我就是数学”。

为什么是调到北京第二实验小学？

2001年4月，经过层层选拔，我们海安实验小学的贲友林主任代表江苏省参加第五届全国小学数学优秀课评比，我带队参加。那一届比赛是指定内容，既有新授课，也有复习课。贲老师的复习课上得特别棒，获得了一等奖第三名，前两名都是新授课。这创造了海安教育的历史。当时的评委、北京第二实验小学校长李烈又一次发现了我，这也促成了李烈校长把我正式调进北京的事。于是，我一家三口同时落户西城，学校分给我的房子距离中南海也是1000米。

宋人黄山谷说：“世上岂无千里马，人中难得九方皋。”李烈校长是我生命中的贵人，是她发现并抬举了我。海安实验小学也是我的贵人，是海安实验小学给我搭建了向上的阶梯，让我能在更高的事业平台上遇见李烈校长。海安实验小学里“千里马”很多，所以，从海安实验小学走出一个华应龙之后，贲友林、许卫兵、仲广群、储冬生、张爱玲、仲海峰、柳小梅、刘海玲等老师都取得了不俗的成绩。

2017年3月21日，有1200多人参加的全国第二届“华应龙和化错教育研讨会”在海安隆重举行。我坚持把会场设在海安，给来自全国各地的参会老师们带来了不便。但这不是我的初心，也不是因为我没有考虑周全。我坚持把会场设在海安，就是想请全国的同行来领略110岁的海安实验小学在现任校长徐金贵治理下的新风采，感受她的文化，分享我对她的爱……

海安实验小学和北京第二实验小学都是我心中的至爱。能在这两所实验小学里圆我的教育梦，是我的福分！

妈妈走了

我原计划正月初四驾车返京，可是，南通市的校友盛情相邀，我却之不恭，只好将回京的日期推后一天。万万没有想到，2015年的正月初四，竟成了我母亲的忌日。

当天下午一时许，当我在南通市的聚餐快结束时，哥哥从80公里外的老家打来电话："弟弟，快回来。妈妈去世了！"我和朋友们匆匆告别，上了车。因为我喝酒了，校友请他的朋友帮我开车。我虽然坐在奥迪Q7上，仍然觉得80公里的路是那么长！一路上，我坐在副驾驶座上无声地流泪。

"父母在，不远游……"

腊月二十八，我们开车从北京回到老家。我帮母亲整理床铺时，发现母亲的枕头旁摆放着我儿时用的小枕头，里面装的是蚕砂子。我不知道我的哥哥和姐姐小时候是否用过这个小枕头。即便他们没用过，这个枕头也快50岁了。妈妈什么时候从哪里找到这个小枕头的？我当时没有问妈妈，只是想起了中央电视台曾播放过的一个公益广告：患老年痴呆症的爸爸把饺子放进口袋，说要留给儿子吃。"他忘记了很多事情，但他从未忘记爱你！"小枕头唤醒了我：快过年了，该给妈妈换一个新的枕头。我立马开车去县城，买了枕头，又买了一盆盛开的君子兰（我妈妈叫吉素兰）……还好，还好，我没有拖拉。

…………

正月初一，我和哥哥、姐姐、表哥团聚。我倒白酒时，问 88 岁的妈妈是否喝些白酒，妈妈幸福地、爽快地答应道："喝！"席间，表嫂和我们几个不停地给妈妈夹菜。席毕，妈妈坐在轮椅上（妈妈的背早就驼了），到院子里晒太阳。我儿子锦晨陪着奶奶，让奶奶看他和女朋友在泰国游玩时的照片和录像。我妈妈还问锦晨："你爸爸怎么还不让你结婚，是不是你爸爸没有钱？"

…………

正月初三晚上，我在县城与几位好友聚会。我硬是没喝酒，因为我要开车回 20 公里外的乡下老家，把中午同学带来的如皋特产蟹黄包子送给妈妈吃。晚宴结束时已经是 9 点多了。我开车回家，外面真黑！当我到家时，妈妈已经睡着了。我叫醒了妈妈，告诉她这蟹黄包子很好吃，我第二天要去南通市喝酒，下午再回来看望她，初五一大早我们就回北京了。妈妈边听边点头说："好啊，好啊"，之后又幸福地睡着了。哪知道，这竟是我与妈妈的最后一面。难道在冥冥之中，我知道妈妈要走了吗？

…………

回到老家后，我看到妈妈躺在堂屋，就像睡着了一样，那样慈祥，那样和蔼，丝毫没有责怪我们的意思。我流着泪，摸着妈妈的脸，好凉，好凉……

我姨父说："你妈妈心疼你，没有让你来回奔波。而且，你妈妈算好了她的'六七'就在清明假期。"是啊，如果妈妈是初五下午 1 点左右去世，我应该已经开车到天津了。那时我再接到电话悲痛地开车返回，其景象不可想象。我妈妈知道，我每个清明节都会回老家上坟。真是"可怜天下父母心"！

我向李烈校长请丧假，她回复我说："小华，你妈妈没让儿女操心，自己也没受罪。她就这样悄悄地驾鹤西去，这是她的福气！你这个孝子可以在悲痛的同时稍有安慰！”这让我想到弘一法师圆寂时留下的四个字“悲欣交集”。

…………

2015年5月5日晚间，我和夫人一起看中央电视台综艺频道母亲节特别节目。在看到朱清章用31年的爱唤醒了植物人妈妈，齐金光九年如一日照料患尿毒症的妈妈时，我数度落泪，内心十分愧疚：我没有很好地孝敬我的妈妈！

我想起我的初中同学曾在微信中分享的诗句：“妈妈给孩子再多/总感到还有很多亏欠/孩子给妈妈很少/都说是孝心一片。”是啊，我就是这样的，我对不起含辛茹苦把我养大的妈妈。

我小舅舅已经八十多岁了，他专程从上海赶回来参加我母亲的葬礼。他告诉我，我外公是开酒坊的，属于小资本家，但我妈妈不仅读过书，还会划船，平时也非常勤劳。

农历1980年3月26日是我父亲的忌日。我记得父亲在去世之前还在开玩笑。我父亲告诉我们：“我不是在傍晚走，就是在第二天早晨走，你们不用一直在我身边等着。”第二天早晨，我父亲上路了。我的父亲是在生病五年后去世的，当时的家境用成语“家徒四壁”来形容都不够，我觉得用“八面来风”更恰切。

我妈妈既要撑起这个家，还要到生产队挣工分。家里实在穷得揭不开锅了，我妈妈便从屋后生产队的地盘上割了几棵蔬菜。哪知道被人家发现了：“要么报告生产队，要么把你家的八仙桌给我！”我妈妈还没说话，那人就把我家精致的八仙桌驮走了。

我清晰地记得当年吃的用胡萝卜叶子做的米饭中米很少，但我母亲常常会用筷子从熬好的猪油盆里挑起一块猪油，插到我的碗里。一会儿猪油就融化了，香气扑鼻。我再用筷子搅拌几下，一碗饭顿时变得油亮亮的，十分诱人。

我读师范大学时，母亲给我的几元钱都是一毛两毛凑成的。

我工作了，有了儿子，我妈妈来到我的身边，帮我们照看小孩儿，帮我们做家务。

听说我要调去北京，我妈妈流泪了。

到北京之后，我常常回家。回家时间最短的一次，我拉着妈妈的手说了十分钟话，就要去赶飞机。我妈妈心疼地说："你现在比在县城时回来的次数还多，不要这么辛苦，放心吧，我身体挺好的。"

每年换季，我夫人都帮妈妈买衣服买鞋。我妈妈一边心满意足地试，一边说："柜子里都是新衣服，都还没穿呢，别买啦！"我把85岁的妈妈接到北京，第二天，我妈妈就要我送她回老家。我想主要原因不是她不适应这里的气候，而是她看到我们太忙了。

几年前，妈妈因血色素低住进了医院，我当天就飞回去了。我坐在妈妈的病床边，用热水袋温暖给妈妈输液的管子。妈妈觉得我飞来飞去太浪费钱，我说："妈，儿子挣钱就是为了妈妈需要用钱的时候有得用啊。"当时我感觉自己很幸福，我为妈妈尽孝了。回到北京后，我又上了献血车。躺在献血椅上，40多岁的我看到身边献血的大多是20来岁的年轻人。我很自豪，我很幸福：如果我妈妈需要输血，那我今天献的血就派上了用场；如果我妈妈不需要输血，那就"老吾老，以及人之老"，把我的血输给其他妈妈。

现在，妈妈走了……

"苦日子过完了 / 妈妈却老了 / 好日子开始了 / 妈妈却走了 / 这就是我苦命的妈妈 / 妈妈健在时 / 我远游了 / 我回来时 / 妈妈却远走了 / 我是您不孝的儿子……"

"子欲养而亲不待"——

我把妈妈的相片摆在我的写字台前，这样我就可以天天陪着妈妈读书。"烛光里的妈妈"看着我，依然那么慈祥……

没有什么不可能

——记 2012 年韩国之行

2012 年 7 月 7 日至 16 日，我和三位同事施银燕、刘劲苓、冷兵兵一起赴韩国首尔，参加第 12 届国际数学教育大会。

虽然之前已经参加过许多次国际会议了，但这一次我是以数学老师的身份参加会议的，收获很多。特别是我们遇到的几个问题很有教益，我想与朋友们分享。

一、车费问题

7 月 8 日中午，报到后，我们四个人想去免税店逛逛，完成同事、朋友和自己的购物任务。

我们四人都是第一次到首尔。在首尔国际会展中心 COEX 大楼服务台询问了接待员之后，我们打车去了都塔免税店，出租车费是 9000 韩元。在都塔免税店购物之后，看时间还早，我们又打车去了乐天免税店。出租车费是 4900 韩元。

在打车从乐天免税店回国际会展中心的路上，我们感觉出租车司机大概多走了路。

由于语言不通，我们四人的嘀咕司机师傅只能听而不闻。

“应该不会遇上宰客的司机吧？”我们满腹狐疑。

施银燕说：“如果最后的车费比前两次车费的和还要多，那司机肯定就绕远了。”

是啊，三角形两边之和大于第三边。

尽管我们不清楚国际会展中心、都塔免税店、乐天免税店三地的位置，但分类讨论的话，只有两种情况：一种情况是三个地方在一条直线上，车费最多就是前两次车费的和；另一种情况是三个地方不在一条直线上，那就构成了一个三角形，车费无论如何也应比前两次车费的和要少。

当然，如果考虑到城市中单行道和立交桥的原因，从乐天免税店回国际会展中心的车费超过前两次的和，也是有可能的。

车到了会展中心，出租车费是 13200 韩元，小于 9000 加 4900 的和。谢过出租司机后，我们四人会心一笑。

二、国旗问题

7 月 8 日晚上 7 点半，参加完主办方组织的欢迎晚宴，我们四个人坐在首尔国际会展中心 COEX 大楼前的石凳上，等待接我们回宾馆的旅行车。

看着大楼玻璃幕墙上飘扬的各国国旗，我好奇地寻找五星红旗。日本的、美国的、越南的，我找了一圈，就是没有五星红旗。我再寻找一遍，还是没有。我转过身来，还是坐在石凳上，看着两排旗杆上的各国国旗，一面一面地寻找，真的没有中国国旗。

我热血奔涌：“这怎么可能？为什么没有我们中国国旗？”我强压住内心的怒火与他们仨说：“我发现了一个重大问题！”刘劲苓说：

“什么问题？”我说：“你环顾四周就能发现。”做老师做久了，遇到问题就是不喜欢直接说。

施银燕也发现了没有中国国旗。我看得出她也很激动，脸色有些红：“我们要找主办方！”

冷兵兵说：“不是所有国家的国旗都在，会不会是今天没有挂中国国旗？”

我说：“那也不行！你看，美国、日本、英国的国旗都在。”

是的，我们应该找他们理论和抗议。我们四个人达成了共识。

我埋头思考该怎么与他们理论。

一抬头，施银燕不见了。她在我们四人中英语最好，我估计她去大楼内的服务台了。

我和刘劲苓、冷兵兵说：“你俩在这里看包，我去支援施银燕。”

施银燕真的在服务台，可是没有接待员。

我俩等了一会儿，接待员还是没有来。

我说：“我们还是到石凳那里，讨论一下怎么交涉吧。”

我们走出大楼后，看到冷兵兵向我俩走来。“华校长，有我们的国旗，在那一边。”冷兵兵的手指向西边。

哦，原来这个 COEX 大楼体量特别大，我们是从东侧门进出的，我们都以为我们进出的这个东侧门是正大门，但在我们进出的这个东侧门的东边和西边还分别有一个门，而挂中国国旗的旗杆就在西边的这个门前面。

看到紧挨着韩国国旗的五星红旗，我们仿佛听到五星红旗在旗杆上猎猎作响。我们笑在脸上，笑在心里……

施银燕说：“我当时就想，不要咄咄逼人地去问‘为什么没有中国国旗？’我会说：‘我怎么没有看到中国国旗？’”

是的，我相信她的话。因为我们平常都不用英语，她去之前，一定会先想想问什么话，那句话用英语怎么说。

观点偏激，往往是因为视野不够开阔。说出不好听的话语，常常是由于鲁莽、轻率。

三、书价问题

首尔国际会展中心的地下一层是吃饭、购物、娱乐的地方，面积很大，店家很多。我和施银燕老师好不容易找到一家书店。书店里都是韩文书，看不懂。我们问服务小姐："中文图书在哪里？"找到中文图书后，我选了一本写乔布斯创意的书——《非同凡"想"：乔布斯的创新启示》，书上的定价是 39 元人民币。

我来到收银台，递上书，收银小姐扫入条形码后，说："22000。"

我爽快地付了钱。

遇上冷兵兵老师，他问我买的什么书，多少钱。当我说是 22000 韩元时，他惊讶地说："怎么这么贵啊，人民币 100 多呢！"

是啊，22000 韩元相当于将近 130 元人民币。

定价 39 元的书怎么卖到 130 元啊？

施银燕老师说："在韩国，这可是外版书啊！"

哦，是的。在韩国，中文图书就成外版书了。

可是付款时，我怎么没有算一算呢？

1 元人民币大致相当于 170 韩元。39 元人民币换算成韩元，当然是一个大数了。22000 的确是一个大数，所以我就没多加思考。还有一个原因，22000 是收银小姐扫描条形码后电脑上显示的价钱，我觉得自然不用怀疑。

其实估一估，还是能算出来的。170 乘 40 等于 6800，6800 与

22000 相差太大了。

我不想退书，觉得花钱买经验，值得。

又一想，经验已经有了，还是退了吧。

当我再次来到收银台递上书和发票时，收银小姐没有要我说一句话，就把 22000 韩元退给了我，还打出了一张退书发票。

朋友，请问："39 元的书，在什么情况下可以卖到 130 元？"

四、语言问题

在这次国际数学教育大会上，我们观摩了几节数学研讨课，有小学的，有中学的。我十分珍惜这个机会，有两个原因。

第一，我的英语不好，大会上的报告基本上听不懂。这一次，我深切地体认了"鸭子听雷"这个成语。例如，在静谧的报告厅里，报告正在进行中，突然，听报告的人不约而同地、会心地笑出声来。那种氛围很美妙，就像高山流水遇知音，可是我不明白人家为什么笑。而听课，就算是语言不通，教师画的图形、学生写的算式、师生的表情，我是能看明白的。

第二，2011 年年底，我国向大会组委会推荐的上课教师代表是我。我特别自豪，特别期待。哪知道，组委会给的反馈是"华老师年龄太大了"。在国内，别人都说我是"年轻的特级教师""年轻的首都基础教育名家"……怎么到了国际上，我就成了"年龄太大了"？哦，45 岁，四舍五入，就是 50 岁了。

一位哲人说："人生最珍贵的是未得到和已失去。"上课这件事对我来说既是未得到，又是已失去，因此我特别珍视。

看到我的好兄弟杜峥老师在会上讲《比的应用》，我很羡慕。他说一句，翻译说一句，学生开始思考；学生的回答再由翻译说给杜老师听，然后杜老师做评价。这样上课挺好玩的。

但是当学生没有听明白老师的问题时，只能由翻译去解释，老师只能在一旁干着急。看到我的兄弟处在“水深火热”之中，我为他着急，也为自己庆幸，庆幸自己因为年龄太大未能成“嫁”。

杜老师的教学基本功比我强，课堂驾驭的能力比我好。他上的《比的应用》我在北京听过，非常有创意，非常有活力，但是由于语言原因，他在课堂上很有些有劲使不上的无奈。

都是语言惹的祸。如果我来上，这种情况同样是没法避免的。

失去未尝不是一种得到。

那么，数学课能否上得像变魔术呢？魔术是不用说话的。不过，教学不是表演，而是师生、生生间生命的互动。

我想到一句广告语：“没有什么不可能。”我瞬间来了勇气。

我可以找个机会试试，上一节魔术数学课。

五、时间问题

7 月 9 日下午，韩国旅行社的导游说帮我们换了一家四花宾馆（相当于中国的三星级宾馆），离会议中心大约三四十分钟车程。

哪知道我们坐在车上 1 小时 10 分钟还没有到达。北京师范大学曹一鸣教授说：“这个三四十分钟是什么意思？就是 30 分钟与 40 分钟的和的意思。”大家一阵坏笑，导游默不作声。

另一位老师说：“这个三四十分钟是什么意思？就是 3 个 40 分钟的意思。”

哈哈哈，导游可能没有想到，这个车上的乘客都是高智商的数学老师。

我们继续和导游交涉，接近夜里11点，我们才进入另一家宾馆的房间。

睡不着，我打开电视。韩语节目我都听不懂，拿着遥控器摁了一圈，终于找到一个听不懂但看得明白的频道正在播放拳击比赛录像。拳击比赛我喜欢看，在家中吃午餐时，我就喜欢看拳击节目。深夜一点多，拳击比赛结束了，我困了。

睡之前，我怕早晨醒不来，打开手机，把闹钟的时间设定为7点30分。（国内导游说，国内的手机到韩国不好用，因此我租了一个旅行社提供的三星手机。到了韩国我才知道上当了，国内手机只要办了国际漫游也是可以用的。在韩国，我自己的苹果手机成了通讯录，平常都是关机，需要查找电话号码时才开机。）

7月10日，清晨7点20分，我醒了。躺了一会儿，看看手表，7点半到了，手机闹铃没响。手机怎么罢工了？是没电了吗？不是。哦，韩国时间比中国早一个小时，我的手表调快了一个小时，手机的时间却没有调整。

哈哈哈，好险！

韩国时间8点30分，我坐在前往首尔国际会展中心的车上，手机响了……

哦，这是21世纪版的刻舟求剑。

“舟已行矣，而剑不行。求剑若此，不亦惑乎？”时间之舟已经载着我们进入一片新的时空，如果我们不能与时俱进，就会演绎出新时代的笑话。

“逝者如斯夫，不舍昼夜。”我们应该常常唱“滚滚长江东逝水……”，我们应该常常想“时间不同了，我们是否需要做出一些改变……”

因火而明

2016年除夕，吃完年夜饭后，孩子们欢呼雀跃跑了出去，聚集在房前的空地上燃放烟花。我站在一旁欣赏，怡然自得，很是享受。此情此景，让我想起父亲喜欢的一句诗：“闲敲棋子落灯花”。

儿子将最后一箱烟花抱到燃放点。儿媳左手捂住耳朵，用右手去点烟花。五六秒钟后，烟花一颗一颗地次第炸开，“东风夜放花千树。更吹落、星如雨。”有的像盛开的菊花，有的像少女撑开的花伞，又高、又响、又漂亮。七八响之后，一颗烟花还没升空就炸开了，遍地金花。儿子、儿媳赶紧又跑远了几步。七八响之后，又有一颗烟花在低空中爆炸。这箱烟花设计得真特别，有高有低，错落有致，别有洞天。

烟花放完了。我们一家人站在楼前，围观乡亲们放的烟花。侄媳妇递上削好的苹果，我拿起一个，咬一口，又香又甜的果汁沁人心脾。我不禁夸奖道：“上好的苹果！”

嗖的一声，最后那箱烟花中竟然又升起一颗。烟花炸开后还是像盛开的菊花，依然是那么灿烂。“怎么还有？”接着，一颗一颗又一颗……最后的几个都没有升空，而是四散炸开。它已经没有了刚才的美感，我被吓着了。我诧异：这烟花怎么会这样设计？有说明书吗？

大哥召集大家打牌，我欣然应约。正往楼里走时，不知是谁惊呼一声："着火啦！"我一看，真是着火了！距离我家燃放点几十米远的草堆着火了，火势不大。我拿着刚吃几口的苹果，奔跑过去，想踩灭它。大嫂焦急地在后面喊："草堆下面有电线！"等我跑到草堆旁时，火势大了很多，不可能踩灭了。

拉开电线要紧。我扔掉苹果，用双手去拉电线。我使出当年做体育教师的劲儿，拉了几次，电线仍纹丝不动。火势越来越大。我大声喊："快拿灭火器！"

大哥的别墅靠近自家的厂区。工厂的大门锁了，大哥的门禁卡居然打不开大门。真是让人着急！"屋漏偏逢连夜雨"。事后我们才知道，值班的师傅为了加强安保，把大门闩得紧紧的，所以我们不可能打开大门。

我和大哥绕着工厂的围墙一路奔跑，从厨房进入了厂区。我俩一手一个灭火器，火速返回着火点。实在跑不动时，只能停下来喘口气……心越急，腿越软。不行，必须跑，不能走！哎，自己现在不怎么锻炼，因此该上阵时身体不给力。

全家总动员，十人齐上阵。最小的侄孙只有 5 岁，岁数最大的丈母娘已有 82 岁。侄孙看到着火的第一反应是："我来撒泡尿。"我也不知道他是否知晓比利时小英雄于连的故事。全家人用盆、桶接力传水灭火。

我终于把两个灭火器拎到草堆旁。我没有使用过灭火器，但参加过学校组织的消防培训，知道要先拔保险栓，再对准火苗根部喷粉灭火。"刺啦"—— 粉到火灭。"一罐怎么这么少？"四罐喷完，还有很多明火没有扑灭。

我又一次跑去拿灭火器时，突然想到草堆里有电线，不能泼水。万一漏电，后果不堪设想。因此，我一边奋力向前跑一边声嘶力竭地向后喊："不能泼水啊！"周边的鞭炮声此起彼伏，我的喊声他们都没听见。

“儿子，你也去拿灭火器！”我们三人跑来跑去，剩下七人传来传去……火终于灭了，电线安然无恙，草堆旁的厂房安然无恙。

一家人灰头土脸，很是狼狈。

欢庆时节遇上这样的事，有些闹心，有些不爽，又有些庆幸。

记得我小的时候，父亲不肯放鞭炮，因为鞭炮又叫“撒手没”。那时可能是因为穷，没钱买。现在，政府提倡大家不放烟花，是因为放烟花会使空气质量下降。

仅仅如此吗?

如果我们放完烟花不是站在外面一边吃苹果，一边欣赏邻居的绚丽烟花，而是马上进屋打牌，今晚的火不知道要蔓延到哪里。也许要到火光冲天之后，我们才会惊醒。

都是这最后一箱“特别”的烟花惹的祸。万幸，万幸！如果这箱烟花不是最后一个被捧上，而是在开头或者中间放，其景象不可想象。因为它第二轮炸开时，旁边一定有人。我惊出一身冷汗。

如果电线也像这箱烟花一样质量不过关，后果不堪设想。

一切皆有可能，坏事情不都在天边，坏事情可能导致更坏的情形。所幸，当天没有那么多的如果，我们是幸运又幸福的一家人！

我不禁想起柳宗元的《贺进士王参元失火书》。柳宗元在得知好朋友王参元家遭逢火灾后写了一封信，信中对朋友家遭逢火灾“始闻而骇，中而疑，终乃大喜”。

“祸兮福之所倚，福兮祸之所伏。”知足常乐。

因为有了火，人类开始走向文明，告别了茹毛饮血的时代。人们以火熟食、以火驱寒、以火阻兽，围着篝火载歌载舞。

烟花，烟火，因火而明。明事，明理，明人生：坏事要往好处想，因为坏事常常为我们指明正确的方向。

我的童年叫“好奇”

我是“60后”，我的儿童时代物质极度匮乏，我常常没有饭吃。但现在想来，当时的精神生活还是比较丰富的，我有快乐的童年，我的童年叫“好奇”。

大概是上小学二年级的时候，表姐夫送来一个西瓜。我以前从没有吃过西瓜，爸爸看出我很想吃，就说：“龙儿，等晚上家人都回来了，我们一起吃！”爸爸把西瓜放在提篮里，吊在了房梁上。

那时我家住的是三间茅草房，也就是曹文轩笔下的草房子。我的老家和曹文轩老家相距只有几十公里。

爸爸妈妈去农田干活了，我想再看看那个从来没吃过的圆滚滚的西瓜，于是我解开了那系提篮的绳结。绳结解开后，我根本不知道要拉紧绳子，慢慢放下提篮。提篮一下子从房梁掉到了地上，西瓜摔裂了。看着裂开的西瓜，我害怕了，知道自己闯了祸。

裂开的西瓜露出红红的瓤，似乎在嘲笑我。

我的好奇心终于战胜了恐惧，我掰开西瓜想一探究竟。我的手指头上粘上了西瓜汁，我一吮手指：真甜啊！

这股甜劲儿把我的馋虫给狠狠地钩出来了，但我又不敢吃，也不知道该怎么吃。看红瓤上有一颗颗黑籽，我便挑出一颗，放嘴里一咬，有些涩，不好吃。再掰开一小块红瓤，放到嘴里，又香又甜，太好吃了！

我想到，吃冬瓜、南瓜、菜瓜、香瓜都是吃皮而不是吃瓤的，我就想把皮留着等家人回来一起吃，我只吃瓤，应该没有什么大事吧！

于是，我把西瓜的红瓤吃得干干净净，吃得我的肚子圆鼓鼓的。

傍晚，爸爸、妈妈、姐姐、哥哥回来了，看到一提篮的西瓜皮，他们都笑了。爸爸听完我的理由，眼睛里都是笑意：“你想得对，西瓜应该也是吃皮的。不知者不怪！这次不打你屁股。下次应该知道了 —— 西瓜可是吃瓤的。”之后，爸爸把剩下的西瓜皮的最外层刨掉后，炒成了一盘菜，全家人一起吃了。可惜我已记不得这盘炒西瓜皮的滋味了。

我就想不明白了：西瓜为什么不是吃皮了呢？既然说西瓜是吃瓤的，为什么又可以用西瓜皮做菜？那冬瓜、南瓜的瓤也可以做菜吗？

上小学三年级后，夏天里只要一下雨，我就不去上学了。干什么去呢？我要去沟渠等鱼。那时候生活困难，很少有肉吃。下雨后沟渠里的水泄流到河里，河里的鱼就会逆流而上，从河里跳到沟渠中来。人们只要在河边和渠口支上一个提篮，鱼跳起来就会落到提篮里。雨越大，水流越急，鱼越多。大人们要到生产队里干活拿工分。我不上学，捡些鱼回来，家里的生活会得到很大的改善。

印象中是三年级，那时我还不会游泳。下雨后，我和我的发小也是我的同班同学华锦军一道，一起去等鱼。

我俩在一个渠口等到了几条鱼，但不多。我们看见河对面的渠口有好多鱼乱跳，心里痒痒的。因此，我俩决定转移阵地。

从河的这边到河的对岸要绕一大圈，过一座桥。我俩收拾好提篮和鱼篓，一边走，一边看着对面的渠口，那边的鱼跳得那个欢啊，好像是有意逗我俩。我担心当我们绕一大圈到达那里的时候，鱼群都游走了。另外，在我的印象中这条河不深，以前我曾涉水过去过，水不会没到脖子。因此，我自告奋勇，先下了河。哪知道这次雨大，河水涨了，我一下去，就踩不着河底了。我两手直扑腾，可无济于事，呛了好几口水。

岸上的发小惊呆了，拔腿就跑。我真不知道自己当时是怎么爬上岸的。

我好奇：不是说“海阔凭鱼跃”嘛，河水比渠水大，鱼为什么要从河里跳到渠里来呢？鱼怎么能从水中跳起来，水里没有跳板啊？河水深不见底，我也是像鱼那样从水里跳到岸上来的吗？一连串疑问在我的脑海里久久挥之不去。

四年级放寒假前，我和姐姐跟着妈妈一起去上海的舅舅家。虽然我没有参加数学期末考试，但老师竟给了我 98 分。我因家庭出身不好，常常被同学欺负，可是老师们怎么都对我那么好呢？我百思不得其解。

舅舅陪我们一起逛外滩时，我看到了巨轮，惊叹道：“舅舅，那条大船真大啊！”舅舅问我：“应龙，这条船大概有多长呢？”我摇摇头。舅舅说：“你动脑筋想一想。”我还是摇摇头。舅舅指导我说：“应龙，船上的人有多高？你看船在水面上的部分有多高？有几个人高？再看看船的长度是船的高度的几倍？”

舅舅真厉害！原来问题就是这样一步一步解决的。我舅舅只是小学毕业，但在全国灯泡行业里却是拔尖的工程师，别的工程师没法解决的难题，我舅舅常常三下五除二就能搞定。舅舅还经常坐飞机去北京开会，要知道在那个年代，坐火车去北京都是很难的啊！

舅舅为什么这么厉害？他为什么能一步一步从已知得到未知？大人们说外甥像舅舅，这是真的吗？我怎么做才能像舅舅那样？

我童年的好奇还有很多。

好奇的问号多了，我长大后，问号中就装满了故事……

学车记

一

2009 年年底，我报名学车。

之所以一直没学，一是因为首都北京也是“首堵”，车太多。二是因为我家离学校特别近，步行只要三分钟，我觉得没必要学车。直到我开始“奔五”了，才突然觉得周末、假期应该到青山绿水间休闲一下，享受大自然的情趣。回老家时，我也可以和已经拿了驾照的儿子交替开车。就这样，我开始学车了。

2010 年元旦三天假，我没做别的，一直在学交规。交规考试我得了 97 分，一次通过。

一放寒假，我就上了车。驾校给我安排了一位年长我几岁的赵师傅。“扳灯挂档松手刹，慢抬离合把油加。”赵师傅脱口而出。直觉告诉我，他相当有经验。

练桩。场地上的六根标志杆组成了两个车库。可能是我年龄偏大的原因，赵师傅的指导特别到位、有层次。经过反复练习，步骤我已经熟记在心了。

上路。方向盘该打多少度？赵师傅不停地帮我左一把、右一把、再一把……“你方向感真差！”这是赵师傅对我的评价。

没错，练桩时，方向盘不是左打死就是右打死，要么是回半圈，可在打死和半圈之间如何选择，我确实没有感觉。

我承认自己方向感差，于是，在连续拐弯路段我想多多尝试，车左一晃、右一让，赵师傅不断地踩制动，在制动之前总是伸手帮我调整一下方向盘。在直行路段，我也不停地转动方向盘，想看看转多大度数就不行了。赵师傅有些不满地说：“方向正了，就别老动！”

我向赵师傅说明了我的想法，请求他不要再帮我调整方向了，我偏离方向时只要口头提示一下，实在不行就踩制动。赵师傅很友善，答应了。

在练习侧方停车、直角拐弯等项目时，赵师傅不动手帮我了，不过总是担心我出错，会提前提醒我该怎么做，让我不用回忆和思考。

…………

考试那天，桩考，我一次通过；接着考内路，依次是“侧方停车、坡路起步、起伏路、直角拐弯”等四项。侧方停车时，我打错了方向盘，电脑立马自动报告：“您已越线，考试成绩不合格，请把车开回起点。”

“考官，能再给我一次机会吗？”我明知故问，考官爱莫能助地摇摇头。

我一脸苦笑，沮丧地下了车。春节前拿不到驾照了。

二

我为什么会打错方向盘呢？因为我只是机械地记住把方向盘向左打死或向右打死，到现在都没弄清楚为什么要向左打死或向右打死。

赵师傅责任心强、不偷懒，他在教我学车时，没让我犯过错，也没给我一次犯错的机会。但学生犯错是知道“为什么该如此”最好的方式！

我继续想，赵师傅为什么不是动手就是动嘴，怎么也不肯偷懒呢？

第一，赵师傅是位好心的师傅。当他知道我是教师，只能在假期学车后，他也想帮我早日拿到驾照。第二，赵师傅是一位经验丰富的老师傅，他谙熟驾驶之道。他想把他的本领和经验直接传授给我，让我少走弯路。

在小学，我是教师，也知道有时该“偷懒”，但并没有太深的体会；在驾校，我成了学生，甚至是一名后进生，切身体会到了教师“好心没好报”的含义。

为什么赵师傅不偷懒，我也很想学，却没得到好的结果呢？电视剧《潜伏》中的经典台词可能是很好的回答：“有一种胜利叫撤退，有一种失败叫占领。”技能是没法告诉的，经验也是不可以手把手地教的。最好是学生主动学习，犯错后教师再点醒，此时学生才会彻底明白是怎么一回事，以后才不会再犯错。有些错误总是要犯的，犯得越早，损失就越小。如果练习时赵师傅不提示，让我犯错，可能考试时我就不会错了。

教练教得好不好，要看考试的结果，而不是看教练有多勤劳。

我们的教学是否也是这样：不许学生尝试，不让学生自主学习，总是不断地掣肘，不容许学生犯错，最后给学生一个“学习能力差”的评价？

在课堂上，我们总是能够看到孟郊的《游子吟》：“慈母手中线，游子身上衣。临行密密缝，意恐迟迟归。”游子是那群身不由己的学生，慈母便是那位勤劳一生的教师。我们往往习惯了在新授课前要先复习，在学生探究前要先铺垫，在学生操作前要先示范，在学生解题前要先帮助其审题，在学生容易犯错的地方先打预防针……离开了教师，我们的学生常常手足无措、一筹莫展。

学习本来是充满了不确定的探险之旅。可是，慈母的“好心”遮蔽了游子头顶的蓝天，慈母的“好意”束缚了游子前进的脚步，游子被“育”成了总也不会自由飞翔和主动觅食的待哺的幼雏。这的的确确是“谁言寸草心，报得三春晖”—— 课堂上教师的投入与实际的产出是大大地不对称。

我们早知道有“娘勤儿女懒”的古训，但我们唯恐对不住自己那份“教”的职责。

开车毕竟只是一种技能，不太需要创造力，驾校只要培养出合格的司机就行了。但是，如果我们教育人不肯积极地“偷懒”，那一定是个灾难！因为我们需要培养的是具有创新能力的人才。

陶行知先生在《教育与科学方法》一文中曾经指出：“现在的教育有两种：(一) 如一个新学生坐在洋车上，叫车夫拉着拼命跑几十里路，结果自然是学生逸、车夫苦，但让学生自己再回来恐怕还是不能；(二) 如一去不坐车，不认识路就问警察，自然是辛苦一点儿，但走到回来时，包管还能回来的。”

看来，优秀的教师都要学会“偷懒”，怎么“偷懒”呢？要从心底里相信“纸上得来终觉浅，绝知此事要躬行”；要从心底里相信学习本来像呼吸一样自然，学生是天生的学习者；要从心底里认同《学记》中所说的“善学者，师逸而功倍，又从而庸之”。

不好为人师，手要懒，口要懒：学生做题不到山穷水尽时，别动手帮；学生解释问题不到理屈词穷时，别动嘴讲。多创造机会，多给时间，让学生自己去思考、探究、发现、感悟、概括和总结。

“偷懒”不是敷衍工作，而是为了更高效地工作，是对工作的一种近乎虔诚的热衷，因此，眼不能懒，耳不能懒，脑不能懒。就像荷兰数学教育家弗赖登塔尔提醒的那样：“不要干扰、打断学生，你们能够做的就是耐心观察、倾听，再耐心观察、倾听。”因此，“偷懒”的教师需要眼观六路，耳听八方；需要预测可能会发生什么问题以及思考如何应对。正如李烈校长所说：“勇敢地退，适时地进。”

教师表面上的“懒”，为内在的“勤”提供了可能：观察哪些学生具有某个方面的才能，思考什么时候该为学生提供展示才华的舞台，观察哪些学生可能需要帮助，概括学生在探究过程中主要存在的问题，分析学生出错的原因，推敲点拨时的策略和方法……

教师的“懒”也要有度：如果车要轧上马路了，师傅不提醒那不是错；如果车要撞墙了，师傅不踩下制动，那是失职。“偷懒”是一种高超的技能，是一种至高的境界，是一种绝妙的艺术。

平庸的人之所以平庸，往往不是因为他们懒得动手脚，而是因为他们不爱动脑筋。“偷懒”常常是人类社会得以前进的动力。教师是课堂的组织者、引导者，教师要思考，要判断，要决策，要创造，这就需要教师“偷懒”。著名教育家夸美纽斯在《大教学论》中写下了他的理想：“找出一种教育方法，使教师因此可以少教，但是学生可以多学；使学校因此可以少些喧嚣、厌恶和无益的劳苦，独具闲暇、快乐及坚实的脚步。”我以为，积极地“偷懒”有助于我们找出这样的教育方法。

三

正月十二，我再次去考内路。因为有了上次的教训，我特别注意车的方向。我这次得了 100 分，终于通过了。

继而，我可以学习外路驾驶了。教练换了，是一位虎背熊腰的教练，他看上去年龄和我差不多。新教练真是一位会“偷懒”的教练，事先不告诉我走什么路线，应该怎样开车，我操作出现错误后，也不提醒我要注意什么。他只是在等我犯了错之后，凶神恶煞地叱责我：“还踩油门，要不及格了！”“又错了！”“你动不动脑子？！”“不许问！”“怎么还问？！”“你不知道啊！”

我的遭遇简直可以用动辄得咎来形容。一开始，我真接受不了，心里想：“你怎么能用这样的态度对待学员呢？我若都明白了，还用来学吗？教练，教练，你该教我练，怎么变成裁判了呢？”

看他气得脸红脖子粗，我也觉得很对不住他，苦笑着说：“师傅，对不起，我真不会，不是故意惹您生气的。”教练的态度好了一点儿。后来，他一叱责我，我就“哈哈哈，对不起”。有一次，我正“哈哈”，他沉着脸说：“你还笑！”我仍旧“哈哈哈”。我下车的时候，新教练的态度好多了，他比较和气地说：“回去要好好想一想。”在回家的路上，我的心情很是不爽，真想打电话请驾校帮我换一位教练。

…………

正月十九下午，我参加外路考试。车内不再是冷冰冰的电脑考官，而是一位很英俊的交警考官。我双手递上身份证，考官看过之后，示意我开车。车行驶了几十米后，考官说：“我们同龄，你比我大 3 个月。”我心里一暖，考官是在帮我做心理放松呢。

80 分，一次通过。

真心感激这段珍贵的学车经历，它让我站在学生的角度，乃至一个学困生的角度，真切地体悟到：做教师既不能像赵师傅那样包办代替，勤劳有余；也不能像外路师傅那样偷懒过度，只做裁判。

元旦巧遇

2012 年 1 月 2 日，我坐在飞机上，喘了口气，平复了一下心情，打开手机看短信。有一条短信吓了我一跳："尊敬的华应龙旅客，您好！我们再次提示您，您乘坐的从北京到郑州的 CZ3172 航班由于郑州的天气原因取消。如需要更改行程，请致电 95539。由此给您造成不便，我们深表歉意！【南航】"赶紧看前一条，"我们抱歉地通知……"，再细看收到短信的时间是 14:24。

喝了一口水，我问邻座的乘客："请问这个航班原定是什么时候起飞的？"一脸焦急的女士回答道："我原定的是上午 10 点 20 的航班。"

哦，原来我预订的航班已经取消，我现在乘坐的是上午延误下来的航班。

我不由得感激起那位帮我办理登机牌的小伙子。

我购买的 CZ3172 航班的起飞时间是 14:55，而我到达值机柜台的时间是 14:28，与提前 30 分钟的规定相比，迟到了 3 分钟。接待我的小伙子敲了一通键盘，说："您乘坐的是 17:15 的航班吧？"我语气有些不好，怪他没有听清楚，"小伙子，我坐的是 14:55 的航班，我迟到了 3 分钟，你赶快帮我找一下经理吧！"由于经常乘飞机，我有经验，知道迟到了是可以找值班经理试试的。

小伙子打完电话，手写了一张登机牌给我，嘱咐道："抓紧时间，不能排队安检！”

我一路小跑，点头哈腰，“对不起，飞机要起飞了”……

我庆幸自己遇到了一位很实在的小伙子，可能他再多说几句话，我就得乘坐还不知能否准点起飞的17:15的飞机了。我庆幸自己遇到了一群排队等待安检的好人，因为我以前试图插队安检时有好几次听到“我们也赶时间”的回应。

我喝了一口水，问邻座的乘客：“郑州下大雪了吗？”

“大雾，今天所有飞往郑州的航班都延误了。”

遇上了好事，自己的心情也特别好。于是，我想如果我第一时间看到南航发来的短信，又会是怎么样的情形呢？我也许会着急，心急如焚……

我为什么没有在第一时间看到那条短信呢？因为贺新年的短信特别多，我想集中看，不想来一条看一条，还因为当时我睡着了。

新年第一天，徒弟登门拜年，因此午餐时我们小酌了两杯。看时间吃紧，怕遭遇堵车，于是我决定坐地铁去机场。

换乘两次之后，我顺利地坐上了机场快轨。我放心地打起了瞌睡，因为前一天看元旦晚会，我深夜一点多才睡，有些困了……

我睡得很香很香，依稀听到广播里说“二号航站楼到了”……

“是到二号航站楼了，还是到三号航站楼了？如果是到二号航站楼就太庆幸了！”我适时地醒了，没有再坐回城里。（北京的机场快轨是从东直门始发，先到三号航站楼，再到二号航站楼，最后又回到东直门。如果自己不下车，是可以周而复始地一直坐在地铁里的。我乘坐的是南航飞机，应该从二号航站楼登机。）

侧耳细听，确实是“二号航站楼到了”，我高兴得笑出了声音。

一看手表是14:20，我收住了笑声，快步向前……

怎么这么巧啊？就在出发之前，我收拾背包，才发现老乡给的螃蟹券还躺在背包里。我忘记拿出来交给夫人了。打开一看，截止日期是 2012 年 1 月 1 日。如果这张螃蟹券跟我一起旅行一圈，那它就成“明日黄花”了。

不可思议的巧事接二连三地发生。

哈哈哈，好事成仨！

三件巧事有什么共同的地方吗？

共同之处是，冥冥之中似乎有人在帮我。老子说：“人法地，地法天，天法道，道法自然。”我们教育孩子，有时是否也是操心过多呢？很多时候，教育是水到渠成的事。

而在当下的教育生活中，“杞人忧天”“揠苗助长”“刻舟求剑”的故事，还在演绎。

诚如著名数学家苏步青所言，数学不要学得那么深，讲得那么难。一二年级的小朋友，最好不要开数学课。即使要开也应该以培养兴趣为主，玩玩就好了。苏步青进一步指出，学数学最关键的是要培养一种数学思维，这种思维不是用灌输的办法教出来的，时间没到逼死他也学不来，到了一定年龄不用怎么教，稍加点拨自然就会冒出来。

印度民间流传四句极具灵性的话：“无论你遇见谁，他都是对的人；无论发生什么事，那都是唯一会发生的事；不管事情开始于哪个时刻，那都是对的时刻；已经结束的，就已经结束了。”

这么看来，怎么这么巧呢？原来，一切都是最好的安排！

如果心想事成，请相信，这是最好的安排；如果事与愿违，也请相信，这是最好的安排。因为，我们知道，事情还会有更坏的可能……

特殊的色子

研究《游戏公平》一课时，我发现了原来教学中存在的问题，因此有了三个创新：第一个创新是用抛啤酒瓶盖的方法讨论是否公平，第二个创新是把啤酒瓶盖放在水杯里抛，第三个创新是用北京奥运会的故事贯串起整节课。

“统计与概率”这一类的课，重在培养学生的数据分析观念，让学生体悟到，数据中蕴含着信息，我们可以根据数据解决问题，从而亲近数据。因此，设计这节课时，我考虑借助讨论“游戏是否公平”这一问题，让学生完整地经历“问题—试验—数据—推断”的全过程，积累解决问题的经验。

要积累“问题—试验—数据—推断”的经验，仅有一次抛啤酒瓶盖的讨论是不够的。因此，我想到了设计六面不一样重的不均匀的色子，让学生借助数据来推断。

这样的色子没有现成的，怎么办呢？我想色子大多是用塑料做的，如果在色子制作过程中把某一面加进一块铁片就可以得到六面不一样重的不均匀的色子了。我兴奋地打电话给北京几家制作教具的公司推销我的创意，结果这些厂家都因为我要的数量少，不肯帮我加工。

此时我刚巧有到温州参加教研活动的机会。温州制作教具学具的厂家特别多，我看到了希望。温州的俞国平校长爽快地答应帮我联系他熟悉的厂家。

回到北京后，经过了几天的等待，希望成了失望。还是因为数量原因，厂家不肯接手。不过，俞国平校长的一句话让我十分感动，他说：“我已经让我们学校的工友买了几十个色子回来，我让他们想办法做出来！”

我也可以请自己学校的工友做啊，可该怎么做呢？我需要提出方案。

我百思不得其解，不得不打电话请教中国教育科学研究院的曹裕添教授，他是开发教具、学具的专家。我刚说完意图，曹教授就笑呵呵地说：“小华，这不难！你就在色子的点子上打洞，然后灌进铅就行。如果要效果更好，可以灌进磁铁，把做实验的桌子上也铺上一层铁板……”哈哈哈，太妙了！

于是，我请工友买来大、中、小三种色子各 60 个，在“6 点”这面的每一个点上打洞，然后分别塞入一段铁钉。

两位工友把加工后的色子送到我的办公室，我试着用水杯抛了 25 次，“1 点”朝上 11 次，“4 点”朝上 6 次，“6 点”及其他点都是朝上 2 次。正合我意——“6 点”加重，“6 点”对面的“1 点”朝上的可能性就加大了。我十分感谢两位细致的师傅，他们把加入铁钉后的“6 点”用黑漆一漆，外人基本上看不出破绽。

我送走两位师傅后，又试了一次，哪知道这次不行了。“1 点”出现的频率没有刚才高了！怎么回事？

可能是塞入的铁钉长了，重力分到其他面上；也可能是色子的 6 个面本来就不均匀……我向工友询问塞入铁钉的长度，请他俩重新加工。

我再试，终于成功了。

大、中、小三种色子，哪种加工后的效果最好呢？要用数据来说话，我一个一个地试。选定了中等色子后，我再一个一个地试，反复地试，检验加重后的效果，挑选出最合适的 24 个色子。

色子装在水杯里抛响声特别大，我就钻到地下室去试。试累了，我就指导夫人帮我试。

有意思的色子带来了有意义的教学。

师：依靠抛色子，我们也可以制定出很多公平的规则。但必须有个前提条件，那就是色子的重量必须是均匀的。如果让你来判断一个色子的重量是否均匀，你有什么办法？

生：称一下。

（老师笑而不语）

生 1：不行的，称的是整个色子的重量。

生 2：试一试，统计数据。

师：（指着板书“问题—试验—数据—推断”）好主意！我还真给大家准备了两种色子，一种色子的重量是均匀的，另一种色子的重量是不均匀的，但不知道哪种是均匀的，哪种是不均匀的。1、2、3 组分的是一种色子，4、5、6 组分的是另外一种色子。这样，每个小组抛 15 次，记录下来分别是几点……

（略去统计数据和分析）

师：我们根据这组数据就能推断出，4、5、6 组的色子可能是不均匀的。想知道谜底吗？

生：（迫切地、兴奋地）想！

师：1、2、3 组的色子和 4、5、6 组的色子是一样的，都是我从商场买回来的同一种规格的色子。（大部分学生的脸上露出困惑的神情）不过，我把4、5、6组的色子的“6”点加重了。那么，哪一面朝上的可能性更大？

生：“1”点朝上的可能性更大。

师：这说明我们的试验成功了！掌声祝贺自己！

（学生们热烈鼓掌，有的还自豪地点头）

我带着这些有意思的色子在成都机场过安检时，被误认为是老千，因此遇到了麻烦。

我平生第一次被带进派出所，是色子惹的祸吗？

我加工这特殊的色子，本是为了教学。如果当时我能站到公安人员的角度上想一想，便能把自己的执念放下，让自己跳出来，进而理解和配合公安人员，而不是因他误解了我而耿耿于怀。

将自己囚禁于茧中的是自己，能让自己破茧而出的还是自己。正如诗人陆游所说：“人生如春蚕，作茧自缠裹；一朝眉羽成，钻破亦在我。”

星云大师说：“无边的罪过，在于一个‘嗔’字；无量的功德，在于一个‘忍’字。”他嗔我，我嗔他，就差一个“忍”字。如果我们能容忍他人的怀疑，大家就能相安无事了。

感谢色子，感恩这特殊的色子，感激这特别有意思的色子！我明白了：祸都是人惹的，都是自己惹的。

不能只想一下

2019 年 6 月 28 日，我应邀为云南省“万名校长培训计划”讲课。我很珍惜这次机会。

我计划坐 6 月 27 日 14:40 的飞机，从北京飞到昆明。不巧，学校有一个重要的校长会。芦校长说 10 分钟就可以开完，还把校长会提前到 12:30 召开。对此，我十分感谢。

哪知道，校长会直到 13:05 才结束。我在约车平台上约出租车，并说明我要赶飞机。

“出租车怎么还不到？”我站在路边，焦急地看着手表。

秒针又转了一圈，出租车还没有到。

我看到，约车平台上的那辆出租车一动不动。一辆空驶的出租车从我身边经过，使我更加焦急。

秒针又转了一圈，出租车还没有到。

我打电话给网约车司机：“我要赶飞机，您的车怎么不动啊？”“有点儿堵。”我想着不能再等了，便一边挥手拦出租车，一边跟电话那头的网约车司机说：“我取消订单。”

我放下背包，刚坐定，出租车司机就对我说：“您不用和他斗气，他马上就过来了。”他肯定听到了我和网约车司机的对话。但是，对出租车司机来说，去机场是争着跑的“好活儿”。我心里想，这位司机素质真高，他竟反过来劝我，真是少有。于是，我加了一句解释："开车吧，我打电话告诉他了，我要赶飞机。"

二环路上，还是堵。

出租车开得不是很卖力，不是见缝就钻的状态。

"请问师傅，您今天开几个小时车了？"

"早晨六点出来的，到现在还没有吃饭呢！刚才拉了一个看病的，他要赶时间，我错过了吃饭的地方……我本打算去吃饭，您又上车了。"我感受到了司机师傅的坦诚。

"师傅，那等会儿到了机场，您有吃饭的地方吗？"我关心地问。

"有的。"

哦，原来如此，他并不想让我上他的车。我明白了他的"您不用和他斗气，他马上就过来了"的另一层含义。

车到积水潭桥了，还是有些堵。

我从包里找出一块糖。我的包里通常会放一两个应急的小零食，这次只有一块糖了。

我递上糖块，试探地问道："师傅吃块糖，垫垫底儿吧。"我知道，出租车司机都不愿吃乘客的东西。

没想到师傅爽快地接了过去，吃了。

我听出发动机的声音有劲儿了。

三元桥，还是堵。

看来，我是不可能提前半小时到机场，不可能办理登机牌了。

我开始考虑预案。最坏的情况，就是改签下一个航班。不过，即使晚到，我也想争取登上 14:40 的飞机。因为现在哪怕买的是全价机票，改签也要多收费。

我事先已经办理了网上乘机手续，但没有下载登机牌。我点击手机上的链接，打不开。怎么上不了网呢？我的微信能正常收到信息啊！

我不知道从哪儿点进去查看网络，只好打电话给儿子。儿子提醒我："您借人家手机热点试试。"

哦，好主意！我自己就有备用手机啊！

我拿出备用手机，打开热点；再拿出常用手机，连接网络；最后点击链接，网页打开了。我看到了自己的电子登机牌。

我一想，等会儿登机，这样两个手机倒腾，既麻烦又费时间。于是，我将二维码图片截图，想直接出示图片，一扫就可以登机，那就不用两个手机来回折腾了。

车到收费站了，还是堵。司机也替我着急，加塞才过去。

14:11 分，我下了出租车。我一路小跑，直奔安检口。还好，人不是很多。

我一想，我要坐的飞机已经开始登机了，我是急客，就想当然地跑到了急客通道。前面有五个人在排队，我不好意思开口，因为大家都是急客。

等了一会儿，我见势不妙，走到旁边的安检通道，说："对不起，我的飞机已经开始登机了。"大家点点头，通融我加塞。

我打开之前保存的二维码图片。安检员说："不行！图片不行。"我手忙脚乱地拿出备用手机，打开热点，再拿出常用手机连接网络，点击链接，打开了电子登机牌。安检员接过我的常用手机，在屏幕上划动了几下。

过了安检，我又跑向登机口。登机口的小姐也在我手机上的电子登机牌上，上下划动了几下。

我终于上了飞机，坐在了座位上。此时，我收到短信，短信提示我飞机舱门已关闭。

在不到两个小时的时间里，发生了多少事情啊！飞机起飞后，我马上拿起飞机上的清洁袋，记下了赶飞机的全过程。

《哈姆雷特》中有一句经典台词是"世事并无好坏，全看人们怎么去想”。一位作家说：“日常琐事就是美妙的事，我只需要这么相信。”这一路上的事情告诉我：不少麻烦是由于我“只想一下”造成的。

听到出租车司机说“您不用和他斗气，他马上就过来了”，我也只是想了一下。如果我能再想一下：网约车迟迟不来，约车平台上却显示一路畅通无阻，是不是手机网络出了问题？如果我能听网约车司机把话说完，那对他、对我、对出租车司机都是一种成全，三全其美，该多美啊！

我应该再想一下，拿着电子登机牌的二维码图片是否可以登机。试想，现在图片转发十分方便，如果别有用心的人把登机牌的二维码图片转发给许多人，那飞机上的座位根本不够坐，安全性也无从保证。

…………

一位名人曾说过：“一个能思想的人，才真是一个力量无边的人。”“能思想”的人大概是“能四想”。“能思想”的人，绝不只是“想一下”，而是“三思”之后还有“一想”……

哦，我明白了——我们常常听到有人为某件事后悔，常常听到“我以为……”，之所以这样，大概就是因为只想了一下。如果我们能站在对方的角度再想一想，能再确认一下，再想想是否还有其他可能，我想，大概会省去不少烦恼。

回到教育上来。有了“四想”，我们可以让本来有可能犯的错误因为多想一下而没有犯，这其实也是一种“化错”啊！“化错”的一种形式是化错于错前，化错于无形……

“三思方举步，百折不回头”，这句话说得真好。“三思方举步”，举步之前，仔细思量，尽量避免出错；“百折不回头”，错了就别白错，好好化错养正。

写下此文，亦为化错。

男教师的仪表

在日常的学校生活中，一些男教师穿着比较随便，不修边幅。这种不重视教师仪表的现象必须改变。

有的男教师会说："藤野先生的衣着那么随意，不照样受到鲁迅的尊敬吗？"

此一时，彼一时。社会发展了，时代进步了，人们生活水平提高了，教师的仪表也应合乎时宜。要知道，仪表是你精神气质的自然流露。而且，教师注重仪表也是对学校的形象负责，对教师群体负责。

有的男同胞会说："成功的事业才是男人最好的装饰品。"

良好的形象是成功的开始。在你还没有开口之前，你的仪表已经在向学生说话了。当代著名教育思想家、具有丰富实践工作经验的教育家保尔·朗格朗先生就提出要"消除教师在传递知识方面的重要性和影响（把这种传递任务移交给技术媒介），而加强教师作为教育者的作用"。因此，我们教师要取得成功，整个身心都应成为教育资源。

我们的前辈们是很注重仪表的，像蔡元培先生，就是这方面的楷模。那么，今天男教师该如何注重仪表呢？

衣服要常常更新换代，跟上形势。男教师的衣着除了要大致符合当时、当地的大众审美习惯外，还应符合教师的职业特点。我们的工作对象是生动活泼的少年儿童，所以教师要穿出活力。我们的工作时间是白天，服装上就不应有耀眼的饰物。我们的工作地点是教室里、讲台前，因此男教师也不宜穿黑衣服，一是教师背后是黑板，若教师再穿黑衣服，容易引起学生视觉疲劳；二是粉笔灰落在黑衣服上面显得很脏。总之，男教师的服装式样要简洁，色彩要鲜亮。

头发常理常梳，发长 5 ～ 7 厘米为佳；饭后漱口常刷牙，别让门牙成为告知他人你吃了些什么的“菜单”；胡须天天刮，指甲不应留。

教师应是“真、善、美”的统一体。

愿我们的男教师更潇洒、更亲切!

后 记

这本书里的文章，大多写于2009年以后。

这本书里的很多文章，与北京第二实验小学有关，因此，我要衷心地感激我生命里的贵人——李烈校长！

感谢田慧生局长20多年来对我的指导，更感谢他在百忙中，为我写了热情洋溢、褒奖有加的序言！

感谢《人民日报》《光明日报》《中国教育报》《人民教育》《中国教师报》《江苏教育》《小学数学教师》《小学教学》《北京教育》《新世纪小学数学》等报刊的编辑老师们！我的文字中有他们的心血和厚爱。

感谢源创图书吴法源先生的精心策划和编辑们的细致编审！

感谢在我的成长过程中给予我很多帮扶的领导、专家、朋友们！

感谢我的家人给我的支持！家是我温馨的港湾，让我宁静地思考……

2019年6月28日写于北京圆方斋